子どもたちの 表現の世界

子どもの絵画、造形□□□□□□□□
自身の個性がよく表れ□□□□□□□□□
を子どもたちの作品を□□□□□□□□□□
追うに従って、技能の□□□□□□に意図性が高まってい
るのがわかります。また、大人の予想を上回る、子ども
たちの対象を見て取る力も感じられると思います。

子どもの作品づくりにおいては、心を深く動かしてい
く体験が大切です。次にその感動から生まれていく作品
の数々を年齢に応じて紹介していきます。子どもたちの
充実感や達成感を導く教材の工夫についても、着目して
ほしいと思います。

子どもたちの表現の世界

子どもの 描画表現の発達

②歳児 自由画

手の動きによって表れる線や形、色を楽し
みます。計画性はなく、気分のままに描い
ていきます。描いたものをあとで意味づけ
ることが多いですが、自分なりに、描きた
いものをイメージして描く姿も見られます。

お兄ちゃんになったよ

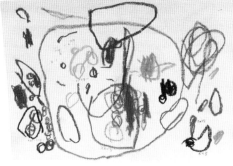

パトカー、ドン
グリ、キュウリ、
カラスなど

バッタがたくさん
チューリップの蜜を
のみに来てるの

③ 自由画
歳児

ある程度、描きたいものをイメージして描くようになります。紙面を埋めるという意識が出てきて、思いつくままに、空いているところに描き足していきます。対象の図式化も進む時期です。

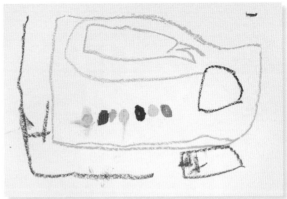
お化粧道具

なぞなぞのおうち

わたしとお父さんとお母さん

もりであそんだ

④ 自由画
歳児

基底線を引き、紙面を天と地に分けて画面構成する絵が見られはじめます。描きながら話す姿も増え、紙面上に物語が生まれます。思い出や見たことなど、記憶を再現する姿もあります。

ハワイでサーフィン

こいのぼり

森の虫たち

⑤幼稚園の思い出
5歳児

イメージしたものをどこに描くか、どんな順番
で描くのか意図しはじめます。そこにつまずき
を覚えると、苦手意識が強くなります。
主題を中心に描く様子や地図のように出来事を
配置する様子が見られます。

おとまりほいくで ののはちゃんと あがりちゃんと いっしょに
はなびをみているところ。きれいだった。

ばざーで はるきくんと じゅーすを うっているところ

しはんの しょうせいくんと うんていをがんばっているところ

見て取る力

②トマト
歳児

栽培したトマトを表現しています。熟さな
いうちに採ってしまって食べたことが強く
印象に残った子は、青いトマトも描きました。
保育者の用意したヘタを自分でくっつける
と、描いた気持ちがぐっと引き上がります。

おいしかった
赤いトマト

おいしくなかった
青いトマト

③身近な虫
歳児

対象に親しみをもち、関心をもって
見ることで、さまざまな発見があり
ます。羽化したての美しく、淡い羽
の色や光を帯びて光るダンゴムシの
白い筋など、体験で得るわかったこ
と、感じたことが表現されます。

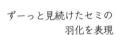

ずーっと見続けたセミの
羽化を表現

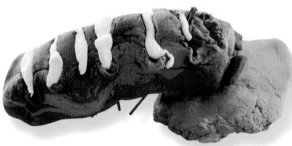

ダンゴムシの光の加減で
見える色合いを表現

③ 根っこ
歳児

抜いたら出てくる根っこに着目しました。
「いないいないばあ」の感覚で、いろいろ
な草を抜いて、根っこがどんなふうになっ
ているか、見ていきます。色や生え方など、
多くの気づきが表現されています。

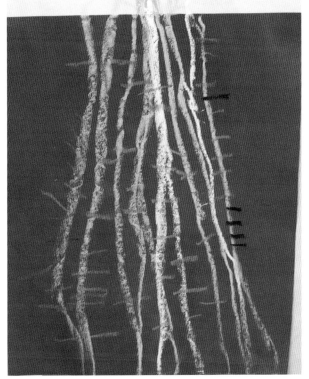

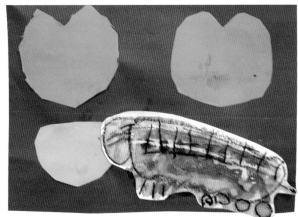

③ イモムシ
歳児

飼育したイモムシとかかわる中で、模
様の美しさへの気づきと、葉っぱをた
くさん食べることへの感動が表現され
ています。
別々につくって、組み合わせることで、
3歳児なりの画面構成をつくり出すこ
とができます。

ノブドウ、
あさがおの芽

4
歳児

植物は、形を見て取ることがむずかしく、双葉だと、形が単純な分、細かいところの気づきが生まれます。ノブドウは、用意された葉っぱの形に筋を描いて色を塗りました。それを別の紙に配置して、茎の部分を描いています。

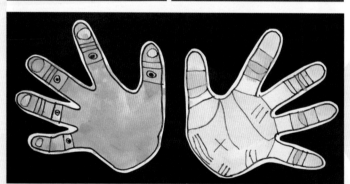

4
歳児
手

　4歳児は、細部にこだわって見る力の育つ時期です。自分の手を観察して描きました。形は保育者がつくっています。肌の濃淡、しわの付き方、表と裏の違いなど、自分の気づきをあますことなく表現しています。

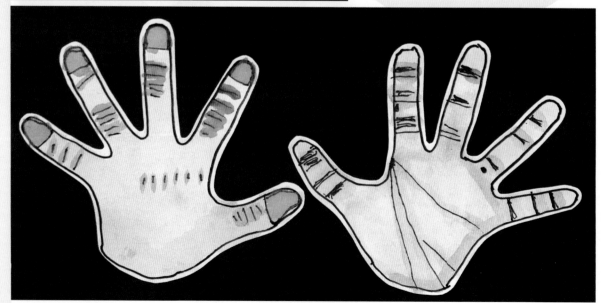

⑤ 葉っぱ
（歳児）

森で見つけた葉っぱを自分で選んで描いています。5歳児になると葉っぱの形のラインを読み取って描くことができます。この時期は、自分が見て取ったことをリアルに表現したいという意欲が高まります。

⑤ コスモス
（歳児）

いろいろな花を分解して、それぞれのパーツを並べたり、虫眼鏡で観察したりする中で描いたコスモスです。5歳児になると、部分と全体の関係がわかり、それらを統合して描くことができます。

⑤ トウモロコシ
（歳児）

栽培したトウモロコシを描いています。色塗りはコンテを使いました。世話をする中で、背比べをしたり、受粉させたりして、生長を楽しみにしていました。一粒一粒に思いが宿っていて、表現する意欲にあふれています。

左のトウモロコシの絵は4歳児クラスのとき、自意識の高さから、作品展で絵を描かなかった子どもの作品です。一年たって、類まれな集中力を発揮して描きました。

5 歳児 虫の研究

　5歳児になると、それぞれの虫の特徴や違いがはっきりとわかるようになり、捕食の関係や住む場所にも興味・関心が広がっていきます。自分たちで、「かくれんぼ名人」「虫のレストラン」など、テーマを決めて、研究に取り組みました。

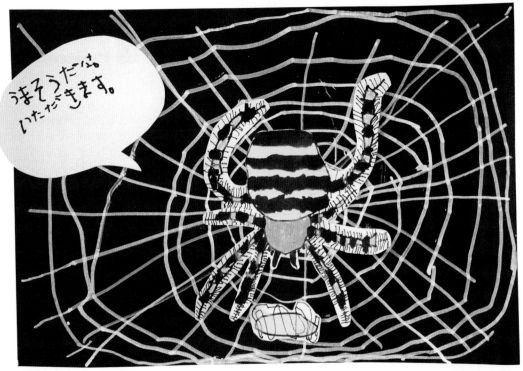

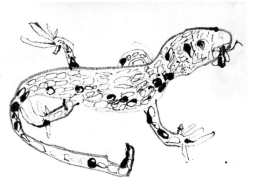

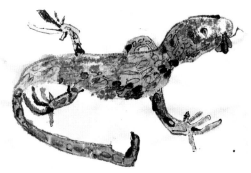
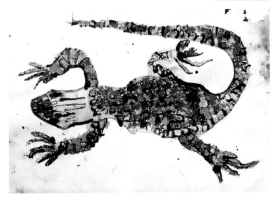

⑤ カナヘビ
<small>歳児</small>

飼育したカナヘビを、下絵におよそ45分、
色を塗るのにも45分ほどかけて描きました。
生き餌を確保することの大変さと痩せていく
カナヘビに心を動かしました。うろこ一つ一
つをていねいに表現しています。

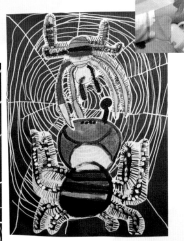
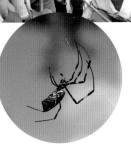

⑤ クモ
<small>歳児</small>

クモに着目する活動を重ね、飼育もしま
した。巣の美しさに感動し、遊びの中で
テグス(ナイロンなど合成繊維でできた
ひも)で再現する姿もありました。特に、
クモの捕食する姿に感動があり、その様
子が描かれています。

9

2歳児の表現 —感覚を通して 表現を楽しむ—

感覚を通して

2歳児の表現は、身体を動かした結果として作品ができ上がると、表現する楽しさや意欲を高めることができます。色のおもしろさだったり、ダイナミックさなどが感じられる教材研究が大切です。

ドングリを使って

バッタになったつもりで

カタツムリ製作

飼育して、歌をうたったり、ごっこ遊びでも楽しんだカタツムリの殻をつくりました。光沢感は梱包材を挟んで表現し、子どもたちは色を塗って、赤、ピンク、青、黄、緑、黄緑、水色から生まれる色の変化を楽しみました。

②意図的に再現する
歳児

自分の行為の結果に興味をもつと、子
どもはそれを再現しようとします。そ
こから、意図的な表現が生まれていき
ます。筆を振って絵の具を散らすと、
おもしろい模様ができました。

② 見出したものを表現する
歳児

対象に深くかかわっていくと、2歳児でも
ある一点に着目し、その特徴を見出すこと
ができます。アカハライモリの形に切った
和紙を赤く染めたあと、腹の斑点をメラニ
ンを綿で包んだスタンプで、表現しました。

② 手形足形
歳児

自分の身体を使って、型と色の変化と置く
場所を感じながらつくっています。行為の
一つ一つにおもしろさを感じ、何気なく押
した結果と意図的にねらった動きの狭間で
作品が生まれています。

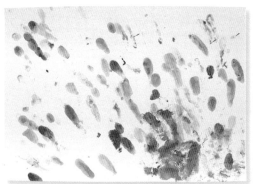

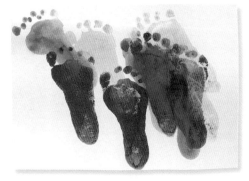

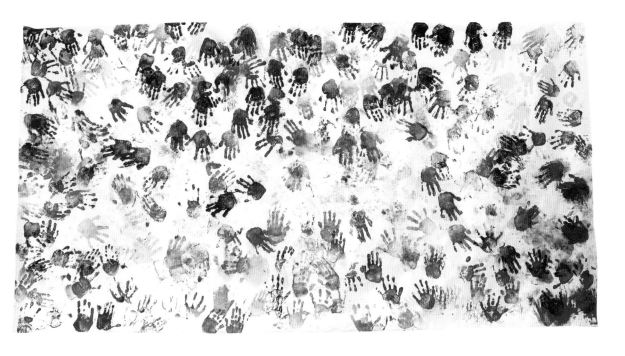

葉っぱでつくる

森や園庭で着目した葉っぱで、見立て遊び
を楽しみ、作品をつくりました。それぞれ
の形を生かし、そこにイメージを乗せてい
ます。また、形そのものに着目して、レイ
アウトを楽しむ姿も2歳児らしい姿です。

この作品には「お父さんのおつまみ」という題名が
つけられました。

13

子どもたちの表現の世界

3歳児の表現 ―試行錯誤を楽しむ―

3 歳児 粘土製作

　3歳児には、試行錯誤がしやすい造形が意図的な表現の入り口として向いています。興味・関心をもってかかわった虫たちを、絵の具を混ぜた紙粘土で表現しています。羽や触覚には、モール、手芸用品を使っています。

カンタロウミミズ

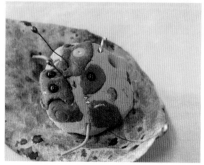

14

③ 自然物で製作
歳児

　3歳児は、見立て遊びが盛んです。森で拾った枝、葉っぱ、木の実、石などをいろいろなものに見立てて表現しています。試行錯誤を重ねれば重ねるほど、意図的でていねいに素材を扱うようになり、作品が洗練されていきます。

和紙を絵の具で染め、自然物を使って、大好きな生き物をつくります。

保育者がその集中に、
寄り添います。

互いが響き合って、たくさんの作品が生まれます。

3歳児でも、親しんだ生き物の生育環境に、興味をもちます。すべてを一度に紙面上に描くことはむずかしいですが、それぞれを別につくって、造形的に組み合わせると、他者にも自分にもわかる作品をつくることができます。

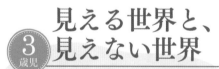

見える世界と、
（3）見えない世界
歳児

何かを気づかせたいとき、それをドラマチックに投げかけると印象が深くなります。根っこを「せーの」で抜いてみたり、スイカをパカッとあけて中身の違いに気づいたりして、見える世界と見えない世界に着目します。

引っこ抜いて遊んだ見えない根っこ

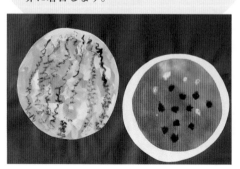

栽培したスイカの外側と内側

16

③ 傘づくり
歳児

子どもの自由な思いや動きが保障されて、結
果的に見応えのある作品になる教材の工夫が
大切です。塗り込んだり、たくさんの色や好
きな色で配色を楽しむなど、それぞれに情熱
のかけ方が違い、個性がよく見えます。

子どもたちの表現の世界

4歳児の表現 ―体験のつながりと深まり、自分なりの見方と自由な表現―

ほねほね
キャベツ

4歳児 虫との出会いから

本書第7章に、取り組みの事例が載っています。さまざまな体験を通じて、対象に心を寄せていくことで、感動の詰まった作品ができ上がります。

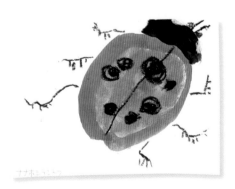

　トノサマバッタ　　　　　　　　　　　　　　ナナホシテントウ

オオスズメバチ

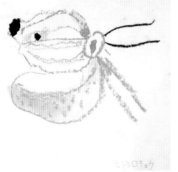

モンシロチョウ

クロオオアリ

ミドリヒョウモン

カマキリ

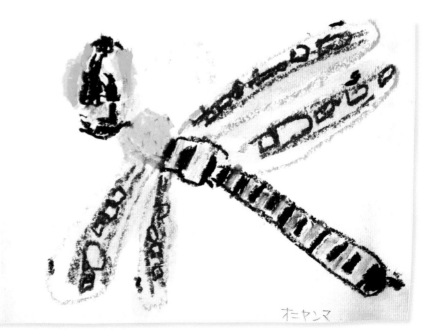

オニヤンマ

19

④ 木に出会った感動から
歳児

あえて、日ごろ着目することの少ない木を
テーマにして取り組みました。触れる、見
る、聞く（木と話す）などの多様な体験を
通して、自分の木を表現しています。アニ
ミズムを残す、4歳児らしい表現です。

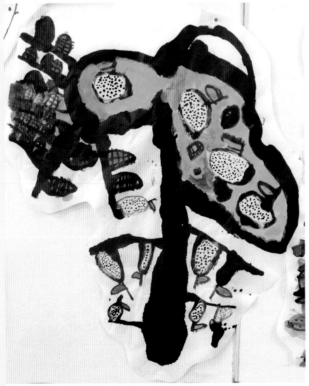

　柚子の木。外側の輪郭をとらえためずらしい描き方　　ファイヤー！の木

4歳児 没頭と客観

　4歳児になると、進行中の出来事を客観的にとらえようとする動きが出てきます。写真では、高いところから自分の作品を眺め、何度もチェックする姿がありました。こうした動きが、より洗練された作品を生んでいきます。

集中に寄り添う保育者

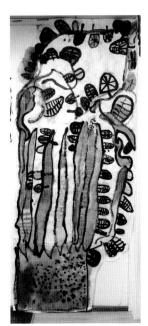

④ キャベツ畑製作

栽培したキャベツをグループで再現
しています。大きな和紙をグループ
で塗り、本物のキャベツで型を取っ
て、筋を描き、それを重ねてつくり
ました。畑で見つけたさまざまな虫
たちも、紙粘土でつくっています。

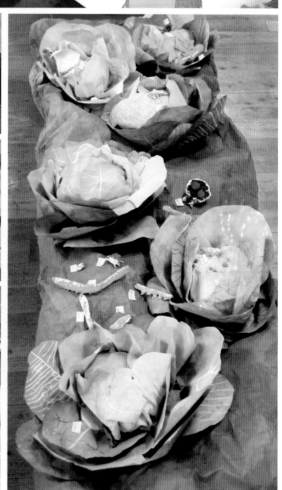

日常の試行錯誤する姿

④歳児 廃材製作

どの年齢も廃材製作は大好きですが、4歳児になると、ごっこ遊びに深く根づき、さまざまなアイテムがつくり出されます。遊びに必要なものを工夫してつくり、それを使って遊ぶことで、アイディアも技能も高まっていきます。

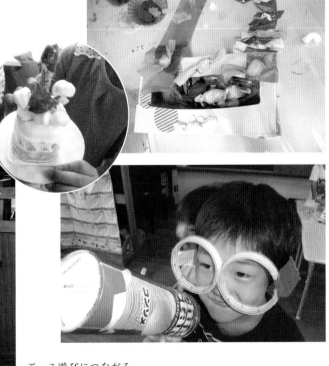

ごっこ遊びにつながる
廃材製作

23

5歳児の表現 —表現への意欲の高まり、協同的学び—

質感豊かに描き出す教材

5歳児

5歳児になると、集中力も技能も見て取る力も格段に上がっていきます。すべてがつながってくる年齢でしょう。したがって、複雑な素材も自分なりのイメージで使い分けることができ、こだわりの作品が生まれます。

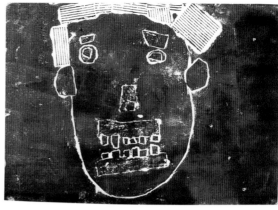

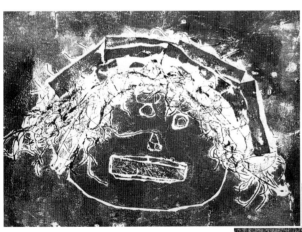
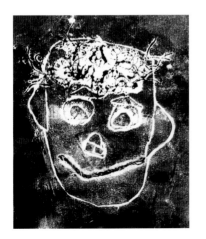
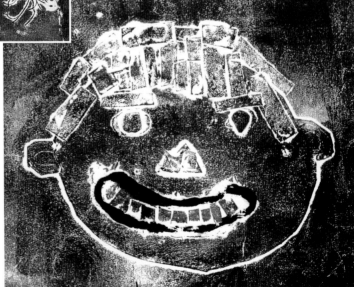

25

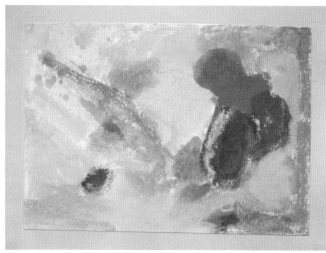

⑤ 心の色
歳児

抽象画に挑戦です。うれしさや悲しみ、
怒りなどに色を乗せて、心を表現して
います。テーマから、自由に感覚を広
げていく子、心は丸いというイメージ
を拠り所に描いていく子など、とても
よく個性が見えました。

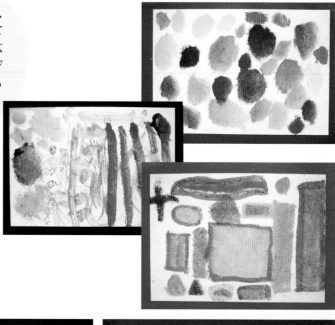

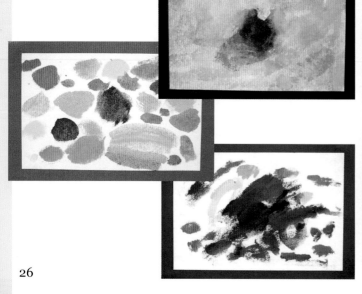

26

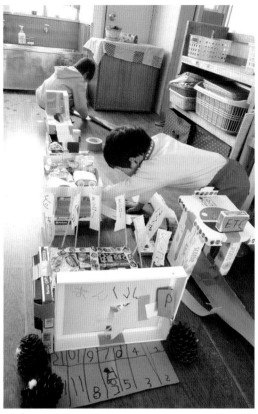

⑤歳児 廃材製作

イメージが次から次へと具体的に広がっていきます。友達とアイディアを出し合い、おもしろさを共有する中で、どんどんとダイナミックになっていく姿が見られます。

ごつごつした木を探しています。それぞれの意見がまったく違うことが多く、双方がゆずり合おうとしませんでした。
本人にとっての触覚の確かさと、ゴツゴツ、ザラザラ、スベスベなどを感じ分ける体験の少なさがわかった活動でした。

⑤ 木に親しむ体験から
歳児

園として協同的学びをねらいにしたはじめての年に、グループで一本の木を描きました。
人任せ、ノリノリ、いざこざばかり、意気投合などいろいろなグループがあり、グループを支える援助のむずかしさがわかった年でした。

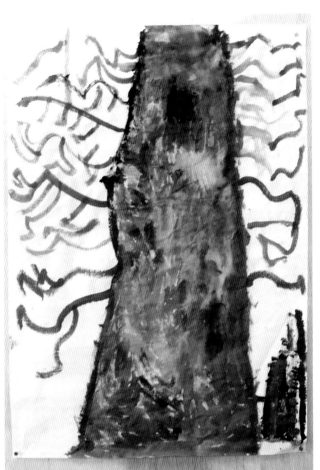

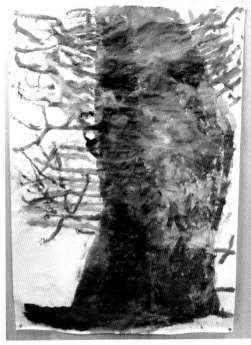

⑤ 自分の身体を描く
歳児

「自分のからだ　虫のからだ」とい
うテーマで取り組んだときの作品で
す。虫の動きの瞬間に着目する中で、
自分の身体の動きにも着目し、いろ
いろなポーズを楽しみました。

29

⑤ 体験から人形で再現
歳児

運動会で体験した身体の動きを話し
合いながら、人形で再現しました。
本書第7章に取り組みの事例を掲載
しています。（5歳児クラス協同作
品「自分のからだを知ろう」）

 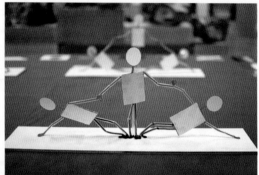

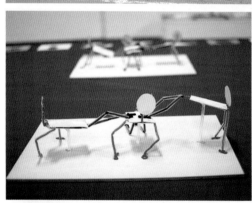 

3歳児、4歳児のときから
憧れをもっていた本番

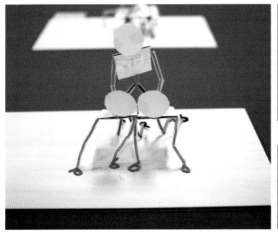
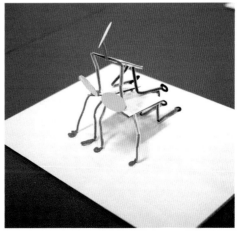

⑤ 体験から絵本づくり
歳児

生き物と深くかかわる体験や運動会での体験を礎にして、子どもと虫たちが対決する、「虫とあやめ組の運動会」という話をつくり、各グループで一場面を描きました。

 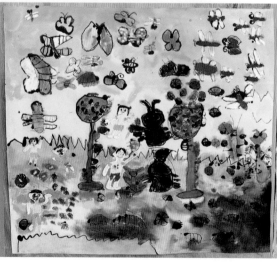

保育内容 領域 表現

日々わくわくを生きる子どもの表現

堂本真実子 編
本山方子
田代幸代

わかば社

はじめに

　2017（平成29）年に、幼稚園教育要領（以下、要領）、保育所保育指針（以下、指針）、幼保連携型認定こども園教育・保育要領（以下、教育・保育要領）が同時に改訂されました。改訂の要点は、まず、0〜18歳までの子どもの育ちを見通し、それぞれの教育内容に整合性をもたせたことがあげられます。そして、幼児期に育てたい資質・能力として、「知識及び技能の基礎」「思考力、判断力、表現力等の基礎」「学びに向かう力、人間性等」の3つが示され、それが育まれている就学前の具体的な姿として、10の視点が示されました。この10の姿は、幼児期に「育つべき姿」ではなく、「育ってほしい姿」であり、幼児期にふさわしい生活や遊びの中で育まれるものとして位置づけられています。

　また、指針および教育・保育要領では、5領域の観点から、1〜3歳未満児に対する保育のねらいおよび内容が示されました。これは、学びの出発点とその連続性をとらえる上で、大変重要なポイントです。そして乳児（0歳児）に対しても3つの視点として、その保育内容が具体的に示されたことも連続性を考える上で大きな意味があるといえます。本書でも3歳未満児（主に2歳児）の表現にかかわる事例を見ていく中で、発達の連続性を踏まえた学びについて考えていきたいと思います。

　保育実践においてむずかしいことは、保育者の意図と子どものやる気との兼ね合いにあります。保育者の「してほしい」ことと、子どもの「やる気」が合えば、その活動は生き生きと動きはじめます。子どものやる気があれば、保育者の「してほしい」は、子どもにとって貴重な機会となりますし、反対に子どものやる気がなければ、活動はエネルギーを失い、その活動は、「やりたくないけど、やる」という心と身体の二面性を強いるようになります。今回の各要領・指針等では、子どもの「気持ち」という言葉が多用されています。子どもは、心の状態に関係なく「やるべきだからやる」ということが通じない発達段階にあります。また、好奇心を働かせ、学ぶことが喜びであるという生き方を体得すべき時期であるともいえます。だからといって、「やりたいことだけをさせていればよい」というのは放任であって、教育ではありません。『幼稚園教育要領解説』では、「環境を通して行う教育は、幼児の主体性と教師の意図がバランスよく絡み合って成り立つ」と述べられています。子どもたちの活動を支える環境として、何を構成するかを考え、子どもの活動の志向性を読み取り、そこにある学びを子どもとともに深めていくのが「教育」なのです。

　また、今回の改訂において乳幼児期の教育として、もっとも重点をおかれているのが、指導計画です。要領および教育・保育要領では園長を中心としたカリキュラム・マネジメントの重要性がうたわれています。また、指針においてもカリキュラム・マネジメントと

いう言葉は使われていませんが、同様の内容が示されています。環境を通して行われる幼児教育は、机と黒板と教科書があれば、いつでもどこでも、同じ内容ができる就学後の教育とは、まったく質が異なります。乳幼児期の教育における知とは、その場の特殊性から立ち上げていく「臨床の知」（中村雄二郎『臨床の知とは何か』岩波書店、1992）だといえます。「臨床の知」は、「フィールドワークの知」ともいうことができ、それは「直感と経験と類推の積み重ね」によって明らかにされていきます。つまりこれは、保育実践における不断のPDCAサイクル（Plan → Do → Check → Action）の展開であり、保育の「ねらい」をいかに達成していくかは、この営みにかかっているといえます。

　本書は、領域「表現」を、保育実践の立場から考えていくテキストです。音楽、描画・造形、身体表現といった「表現」の領域は、就学後の教科教育においては周辺に置かれがちです。試験などで数値化することがむずかしく、いわゆる進学校ともなれば、その傾向は顕著でしょう。一方で、乳幼児期の教育においては、学びの成果として表されるものは「表現」の領域にかかわるものが圧倒的に多く、それは子どもが感覚の時代を生きているからであるといえます。世界を言語によって抽象化し、整理し、分類する前の感覚の時代は、あらゆるものを吸収できる豊かさに満ちあふれています。「ハチミツは甘い」を取り巻く感覚は、味覚、嗅覚、触覚、視覚を通じて何通りもあり、「風が吹く」と感じる感覚も、無数に存在するでしょう。音楽や描画・造形、身体表現は、そうした自分の感覚を拠り所とし、ある媒体との試行錯誤から生み出されるものなのです。

　本書では、子どもの具体的な事例をあげながら、その表現についてのとらえ方、保育者の援助、環境の構成、背景にある指導計画について解説していきます。

　これから先、情報処理は人工知能（AI）がすべて受けもつ時代がやってきます。自分で感じたことや考えたことを表す力が、今よりももっと必要となります。幼児教育は、人格形成の基礎を培う時期です。この時期に獲得する表現する喜びは生きる力となって、ずっと働いていくでしょう。私たち保育者は、とても大きな役割を担っているのです。

　2018年11月

　　　　　　　　　　　　　　　　　　　　　　　　　　　　　　　　堂本真実子

目　次

本書について

○ 本書では「幼稚園教育要領」は「要領」、「保育所保育指針」は「指針」、「幼保連携型認定こども園教育・保育要領」は「教育・保育要領」と表記しています。また、3つを総じて解説する場合は「各要領・指針等」と表記しています。

○ 本書では0〜3歳未満児の教育を含め、「幼児教育」という用語で解説しています。

○ 本書の「演習課題」はPart 1およびPart 3は各Part末、Part 2は各章末に設け、各Partおよび各章に関連するフォトラーニングの課題を掲載しています。写真からイメージし、自分の考えをまとめてみましょう。なお、解答例などは特に示していません。

○ 本書掲載の事例の子どもの名前はすべて仮名です。また事例での子どもや保育者の言葉（方言など）は、実際に表現された言葉のまま記述しています。

○ 本文に関連する内容を「コラム」として随所に設けています。

○ 本文で解説が必要と思われる用語等には脚注を設けています。

○ 引用・参考文献は巻末に一括掲載しています。

Part 1

保育内容・領域「表現」
をどうとらえるか

このパートで学ぶこと

　　ここでは、子どもの「表現」を保育の問題としてどうとらえるかについて学び
ます。子どもにとって表現は生きる喜びであり、それは感覚的な楽しさを土台と
して、徐々に意図的なものへと変わっていきます。それは、感じたこととわかっ
たこと、すなわち感性と知性の間にあり、特に体験から得た感動が、作品を個性
ある豊かなものにしていきます。このパートでは、この表現の題材となる分野と
して、自然、生活場面、メディアの世界を取り上げます。それぞれの分野の魅力
と、教育的価値について、環境を構成する保育者の立場から考えていきます。

　　そして最後に、子どもの表現を支える保育者の役割について、ねらいをもつこ
と、それを願いに代えて子どもとかかわること、さまざまな体験を指導計画とし
て組織することの大切さについて述べていきます。

第1章　保育内容・領域「表現」について

§1　領域における「表現」のとらえ方

　領域「表現」の教育目標は、「感じたことや考えたことを自分なりに表現することを通して、豊かな感性や表現する力を養い、創造性を豊かにする」ことです。

　豊かな感性とは、何かに対して深く、あるときにはすばやく、それを独特に感じる力だといえます。そして表現する力とは、そうした豊かな感性によって子どもたちの内側に生まれ、育まれたもの、すなわち「感じたことや考えたこと」を、筆や楽器や身体といったある媒体を使って表そうとする力のことです。

　「表現」することは、子どもにとって喜びです。なぜなら、「自分」という存在が、ある「確かさ」として立ち現れるからです。しかし、そのためには、内側に満ちたものを外側に表す過程で、その子らしさを出せる自由が保障されなければなりません。素材や道具、紙の大きさなど形式的な制約がそこにあるとしても、「表現」することにおいて子ども一人一人の心が自由であること、領域で示されているように「自分なりに」表現できることが、その喜びを支えます。だからこそ、各要領・指針等においては、子どもの「遊び」や「興味・関心」が主軸に置かれているのです。

　したがって、子どもの「表現」において保育者のやるべきことは、子どもの表現に直接的な手を加えることではなく、ねらいに子どもを引っ張ることでもありません。子どもが表したいと思うものや出来事に出合える機会をつくることであり、「表現すること」を楽しめる環境を構成することであり、子どもたちが達成感や充実感を得ることができるよう、導き、支えることです。

　そして、何より大切なのは、子どもが表したもののうちにある純粋なエネルギーを、そのままに受け取ることでしょう。

1.　3歳未満の子どもの表現——感覚世界の心地よさとその再現

　0、1、2歳児は、感覚の時代を生きています。まだ、意味の世界で物事を見ておらず、意味で物事はつながっていません。たとえば、「保育士がミルクをもってきた」という出来事は、この時代の子どもにとっては、およそ「ミルク！」です。私たちには、「今」というときと、「誰が」という主体と、「何を」という主題とその行為が見えていますが、彼らにとっては、「ミルク！」なのです。彼らには、およそ過去も未来もなく、「どこで、誰が、何を」と状況を分節化して、まとめて言葉にすることもなく、ただそれとして、瞬間の連続を生きています。

　したがって、楽器を手にしたとしたら、「ああ鳴らそう」とか「こう鳴らそう」とは思っていません。興味をもって手に取り、その結果をそのまま受け取ります。マラカスと手との間に起こる偶然性に満ちた出来事が、彼らにとっての楽器です。そのうち彼らは、「うまく鳴った」「いい感じ」に出合います。すると、それを再現しようとするのです。そうして、学習が生まれていきます。

　彼らは、感覚の世界にいて、その心地よさを再現する中で、自分の力で世界が変わったことに喜びを覚えます。これは、描画においても同様です。自分の手の動きが、線を描き、世界を変えていきます。こうした感覚の世界の心地よさとその再現が、領域「表現」のもっとも素朴な形だといえます。

　指針および教育・保育要領に示されている満1歳以上、満3歳未満の保育内容「表現」のねらいは以下の通りです。

（1）身体の諸感覚の経験を豊かにし、様々な感覚を味わう。
（2）感じたことや考えたことなどを自分なりに表現しようとする。
（3）生活や遊びの様々な体験を通して、イメージや感性が豊かになる。

　このように、最初に「様々な感覚を味わう」ことが置かれています。安心した環境に身を置き、安心して世界にかかわり、そのかかわりによって起こる変化を喜びとして受け取ることが、表現することの出発点です。

　こうした感覚を拠り所にして、その喜びを再現しようと子どもなりに試行錯誤する中で、イメージする力が育ち、物事にかかわる意図性が高まっていきます。

2. 3歳以上の子どもの表現——意味と表現の世界へ

そうして、3歳になってくると、子どもたちは意味の世界へと移行していきます。3歳以上を対象とした領域「表現」では、ねらいとして次の3つが掲げられています。

（1）いろいろなものの美しさなどに対する豊かな感性をもつ。
（2）感じたことや考えたことを自分なりに表現して楽しむ。
（3）生活の中でイメージを豊かにし、様々な表現を楽しむ。

感覚的に今を生きていた時期から、少しずつ記憶が整理されはじめるとともに、さまざまな物語が生まれてきます。それは、言語の発達と連動しており、感じたことや考えたことに筋が通りはじめます。そうすると、表現はさまざまな形で意図性を帯びてきます。「あんなふうにしたい」「こんなふうにしたい」という、ある程度、定まっためあてが生まれてくるのです。そうすると、自分が世界をつくっているという手応えは、より確かなものになり、喜びも深くなっていきます。

ただ、忘れてならないのは、感覚的な喜びがいつもその土台にあるという点です。私たちは、すぐに意味の世界へと子どもを導いていきがちですが、乳幼児期に培ってきた感覚的な喜びを忘れないようにすることが大切です。

　さて、子どもを表現へと導くのは、心引かれるものや出来事です。それは、つまり美しさであり、憧れであり、興味・関心だといえます。これらは、相互にかかわり合って、働きます。特に、もっとも美しさと不思議さを兼ね備えている自然とのかかわりは重要なところでしょう。また、子どもたちの毎日は、大人のそれとは違って、新奇性に満ちています。彼らにとって、パトカーや消防車は、われわれの目に映っているものよりもずっと光り輝いているでしょう。お医者さんだって、彼らに強烈な印象を与えています。大好きなお母さんのすることも、彼らにとって非常に興味深いものでしょう。そうした生活の中で出合うさまざまな出来事を、子どもは素朴に再現しようとします。そうして、彼らは彼らなりに世界を整理し、把握していくのです。

　心動かす出来事について、イメージを豊かにし、感じたり考えたりすること。それを、さまざまな媒体を通して自分なりに表すこと。そうして、世界を学び、自分についての確かさを手に入れながら、生きる力を育むことが領域「表現」における目的だといえるでしょう。

§2　感性と知性の間にある「表現」

　「感じる」ということは、およそ直観的なものです。私たちは、何かに出合ったとき、理屈抜きに「よい感じ」か「よくない感じ」をもちます。それは、何となくのレベルからはっきりとしたレベルまで、さまざまです。それをもたらすのは、感覚であり、私たちは、見た目やにおい、触った感じ、雰囲気など、身体の感覚で感じ取ったものでそれを判断します。だから、感覚が鋭敏で豊かであることが、感性を豊かにするといってよいでしょう。子どもは「よい感じ」のものに、興味・関心をもち、よりかかわろうとします。

　2歳児や3歳児にとって、ダンゴムシはアイドルです。ツーッと地面を移動するさま、クルンと丸まって動かなくなるさま、安全そう、というところが魅力なのでしょう。このダンゴムシにかかわる中で、子どもたちは、いろいろなことに気づきはじめます。色が違うこと、大きさが違うこと、足がたくさんあること、石やコンテナをひっくり返すといることなどです。いつも、ダンゴムシばかり集めている2歳児が、ある日こういいました。

　「白いのがあかちゃんで、茶色いのがお兄ちゃんで、黒いのがお父さんやね」

　これは、成長という縦軸と比較・分類という横軸の理解が、見事に反映された言葉です。ちなみに、「ぼくは、泥も、砂も、さら粉も嫌いで」といった別の2歳児もいました。さら粉とは、乾燥しきったきめの細かい土のことです。毎日、泥にどっぷりとつかって遊ん

でいた子どもの言葉ですが、子どもは体験を通して、ただ感じるだけでなく、比較や分類を自然と行うのです。この「わかる」ということが、子どもの知的好奇心を満足させていきます。おおざっぱであったものがはっきりし、物事がよく見えるようになるからです。白と茶色と黒のダンゴムシがいることが「わかる」と、もう、ダンゴムシは「そう見える」ようになります。

　対象とかかわることで生まれる感性と「わかる」がもっている客観的な視点、すなわち知性が融合して、子どもの表現は生まれます。足が多いことに気がついた子どもは、ものすごくたくさんの足を描きます。科学絵本を読んで足の本数がわかり、それに感じ入った子どもは、忠実にその本数を再現するでしょう。大きさの違いに気づいた子どもは、大中小のダンゴムシを描きますし、丸まったところがおもしろいと感じた子どもは、その様子を描きます。

　感じたことやわかったことを描画や造形として表す場合、内側にあるイメージがその手を動かしていきます。そのイメージは、でき上がっていく線や形とともに、鮮明になります。ごっこ遊びで再現する場合は、そのイメージに沿って「フリ」が生まれ、言葉のやりとりが生まれます。描画、造形、身体表現では、「らしさ」の追求やイメージの実現におもしろさがあり、自ずと洗練されていくことが、学びとしての深まりをもたらすのです。

　一方で、音やリズムをもつものは、身体の共鳴、共振が主軸となり、現れては消えていく音に彩られた独特の世界をつくり出します。イメージはどちらかというと、きっかけとして、あるいは雰囲気をつくり出すものとして働きます。音がメロディとなり、その情景を表す言葉がイメージとして乗っていくのが、歌です。

　音と身体が合うためには、あるいは他者とリズムを合わせるためには、ズレの感知が必要です。ズレを感知し、修正する働きをもたらすのは知性です。身体の動かし方に型をもつダンスを学習することについても同様でしょう。また、「にじ」を思い浮かべながら、その情景をうたおうとする意図性の中にも知性の働きがあります。

　「表現」は、感性と知性が働き合って生み出されるものです。「よい感じ」、「よくない感じ」からはじまって、さまざまな感覚を通してそれとかかわることが、興味・関心と憧れを引き起こします。子ども自身の「知りたい」「わかりたい」という気持ちがベースにある知識の獲得や比較、分類、類推は、子どもにとっては喜びです。本来、学ぶことは喜びなのです。

　クレヨンを紙に走らせることがただ楽しい、絵の具で色が混ざるのがおもしろい、自然と音に乗って身体が動く、そんな体験からはじまって、子どもは表すことへの意図性を高めていきます。お母さんを描きたい、こんな色で塗りたい、友達と同じ動きをしたい、そうした意図性が、彼らの表現を洗練させていくのです。

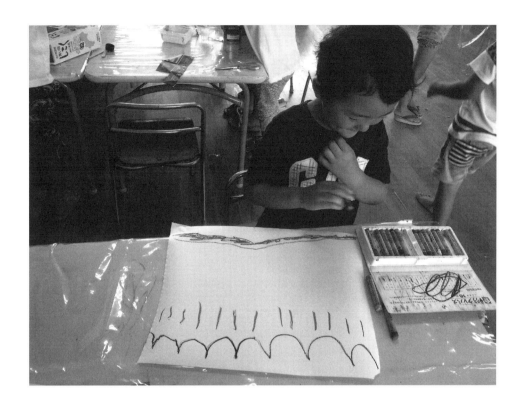

　「表現」は感性と知性の間にあり、子どもは、より美しいもの、よりはっきりしたもの、よりおもしろいものへと向かっていく力をもっています。その志向性に沿い、共に感じ、考え、対話し、環境を構成していくのが、保育者の役割だといえるでしょう。

§3　表現する喜び

　先ほど述べたように、子どもにとって表現することは喜びです。なぜなら、自分の働きかけによって世界が変わることからはじまり、自分が感じたことや考えたこと、わかったことが、表すことによって目の前に立ち現れるからです。それは、自分の存在の確かさを生むことだといえます。子どもは「できた！」と思うと、必ずといってよいほど保育者に見せにきます。本当に、絵を描くことが好きな子どもは、「絵を描くこと」に幸せを感じており、そこに確かさを見出しているので、「見せる」ということにこだわる様子は、あまりありません。しかし多くの場合、子どもたちは素朴に、「見て、見て」といってきます。そのときの保育者の称賛は、彼らの存在の確かさを社会に開くドアであり、「あなたは、（誰にとっても）すばらしい」というメッセージとして働きます。

　しかし、その表現が、保育者の指示によって生み出されてしまうと、その子ども自身の喜びは失われてしまいます。技能のスキルアップはあるかもしれませんが、喜びや感動の

ないところには、好奇心や探究心やその子なりのこだわりは生まれません。子どもの学び
がその子自身のものとなるためには、彼らの感じ方、考え方、わかり方が大切にされる必
要があります。だからこそ、「遊び」が幼児期における中心的な学習であるとする各要領・
指針等の考え方は、とても大切なのです。

　特に、どの表現形態においても、発達的な問題も含め、その初期段階には感覚的な喜び
を十分に楽しむ必要があります。どの分野においても、それがもつ型や技能は、子どもに
便利さやわかりやすさ、腑に落ちる、もっとよくなった、という感覚をもたらします。

　たとえば、カナヘビのうろこを一枚一枚ていねいに描きたいという子どもが細いペンを
手にしたら便利だと思うでしょうし、なるほどこれなら描けると腑にも落ちるでしょう。
好きな曲でアイドルの動きをモデルにしてフリをつけたら、ただ、身体を動かしているよ
り、かっこいいと思うでしょう。本来、型や技能は彼らの思いを実現するものとして働き
ます。問題は、それを習得しようとする「思い」があるかどうかです。これを導き出すの
は、活動への志向性であり、その素地としての感覚的な心地よさ、おもしろさなのです。

　出来、不出来の問題から解放された、より感覚的な心地よさを乳児から3歳児では十分
味わうことが、まずは大切です。この時期を過ぎていても、その経験がない子どもは、そ
こまで戻る必要があります。発達はワープしません。そして、表象の発達、自我の発達に
したがって、彼らは具体的なイメージを実現する方法を模索しはじめ、その実現に喜びを
感じるようになります。発達に応じた、子どもの実態に応じた環境の構成と援助が、子ど
もの表現する喜びを支える上で、何よりも望まれます。

第2章　環境を構成する保育者

§1　何を「表現」の題材とするか

　各要領・指針等の総則において示されているように、幼児教育は環境を通して行うものです。なぜなら、「生きる力の基礎」としての資質、能力は、子どもが主体的に何かを選び取り、それに興味・関心をもち、試行錯誤することを通して育まれるからです。したがって、子どもが選び取る環境として、何を置くか、何に出合わせるかが、幼児教育においてはとても重要な意味をもちます。わかりやすくいえば、私たちは、子どもが強い興味・関心をもつからといって電子ゲーム機やスマートフォンは置きません。代わりに、可塑性のある粘土や積み木を置くでしょう。そこには、指先と頭を使って試行錯誤してほしいという願いがあります。まず、環境に願いを込めるのが幼児教育なのです。

　したがって、どのような環境を通して子どもの表現する力を育みたいかを考えなければなりません。本書では、この点について、まず「自然」という領域を考えます。自然ほど、子どもの感性にダイレクトに働きかける環境はないからです。そして次に、子どもを取り巻く、生活、文化的環境について考えていきます。ここには、子どもの日常生活から生まれた興味・関心の対象が存在します。

　まずは、自然について述べていくことにしましょう。

1.　自　然

　私たちは日ごろ、人工物に囲まれて生活しています。人工物は、すべて人間の用途にしたがってつくられていますが、自然は、それ自体が自立した存在です。そして人間はその自然の一部としてあります。私たちが、土と離れて過ごすようになり、それに伴って子どもも土と離れ、そこにいるたくさんの生き物の存在も忘れてしまうようになって随分になります。木や野の草花とそこに住まう虫たちについても同様です。

　しかし実際は、これらの存在ほど、子どもの心を引きつけるものはありません。多くの大人たちにとって、クモは気持ち悪いだけのものかもしれませんが、野に出てそれらを観察すると、まず巣のつくりの美しさに目を見はり、捕食のすばやさに感動するでしょう。一度、バッタを巣に放り込んでみれば、それがよくわかります。自生するものには、それだけがもつ不思議と感動があります。

　そして、自然がつくり出す美しさは完璧です。雨上がりの緑の美しさ、キラキラと輝く虫たちの糸、可憐に咲き誇る花、すべてが子どもの感性にダイレクトに働きかけてきます。この自然とのかかわりについて、以下の2つの視点から考えてみましょう。

（1）包まれる

　今の時代、圧倒的に不足しているのが、自然に包まれる体験です。どちらかというと人間がお邪魔する立場になる体験には、独特の安らぎと晴れやかさがあり、終わってからどっと疲れがやってきます。心が安らぐのは、人間に「見て」「使え」「選べ」とメッセージを放ってくる人工物から解放されるからでしょう。また晴れやかさを感じるのは、自生する命のエネルギーを感じるからでしょう。それとともにどっと疲れるのは、感覚が細胞レベルで研ぎ澄まされるからです。わからないことが多すぎる世界故に、身体が危機管理を行います。心地よい風、澄んだ空気、光り輝く緑とかわいらしい野の花のすぐそばにいる、蛇、ムカデ、ダニ、ハチといった危険で薄気味悪いものたちの存在を感覚は受け取ります。いつ、どこに崖があるかもわかりません。自然に包まれる体験は、「ヒト」として五感以上のものを開かせるのです。

　その点で、子どもには自然が本当によく似合います。子どもは、自動的に感覚を全開にさせ、出合うもの出合うものに、心と身体を動かしていきます。特に、子どもの見つける力には、目を見はります。落ち葉に生えた小指の爪よりも小さいキノコや、小さな虫を見つけてきます。私たちのように、食べるためにキノコを見つけるのではなく、何かの材料にしようと木を見るのではなく、子どもは、ただ見つけてきます。ただ、その存在に引かれて見つけることができるのは、子どもだけでしょう。

　お日さまの光にキラキラと輝く七色の虫が、実はよくいるハエだったこともありましたし、ゲンゴロウのようなフォルムをもつ虫に感動していたら、それがゴキブリだったこともあります。うじゃうじゃと群がる芋虫を1匹だけ手に取って見つめていると、思わず「かわいい」という言葉が出たこともありましたし、葉っぱから糸をたらし、風に揺れる毛虫の美しさに見とれることもあります。そのものが、そのものとして生きる場所にいる姿には、美しさがあります。人は、その美しさに感動する心をもっています。さらに、それらとかかわることで、親しみが湧き、大切に思う気持ちが育まれます。また、それが何

か「わかる」ことは、身の安全を保障することでもあります。だからこそ、子どもには、飽くなき知的好奇心が備わっているのでしょう。

　今の時代に、自然に包まれる体験を通して、私たちの命の基盤である別の命の存在を感覚レベルで知っておくことは、とても重要です。その機会を意識的にとっていくことが、今の教育現場には求められています。

（2）育てる

　海で泳ぐ魚の切り身の絵が、話題になったことがあります。驚きとともに広まった事例ですが、考えてみれば何ら驚くことではないでしょう。「魚」を見たことがなく、販売されている切り身の魚をいつも大人が「魚」と呼んでいれば、それを「魚」と思うことは、至極自然なことです。これと同様に、今の子どもたちは、野菜が畑にあることを知りません。人参に、葉っぱがついていることも知らないでしょうし、オクラがどんなふうになるのかも知らないでしょう。それらが芽を出し、花をつけ、実をみのらせる「時間」というものも、およそ感じたことがありません。私たちの身体をつくるものが、生長するものであること、そこには「時間」があること、そしてそれらには、水や土や光、そして小さな虫たちが欠かせないことを知りません。つまり、私たちの命を支える基盤としての自然の存在、命の存在を感じたことがないのです。この傾向は、ますます強まっています。

　トウモロコシやヒマワリの生長は、とてもドラマチックです。伸び出すとあっという間に、子どもたちよりも背が高くなります。トウモロコシに受粉をさせたり、ひげの数が粒の数と一緒であることを知ったりしながら、収穫のときを迎えます。実がギッシリと詰まっていると、それだけでうれしくなります。自分たちが育てたものを食べるのは格別の気分でしょう。

　またあるときには、竹馬に乗っても追いつかないヒマワリを見上げ、花を描いてみます。分解して、並べてみて、虫眼鏡でのぞいてみて、ヒマワリの真ん中は格子縞ではないことを知ります。ギッシリと詰まった種から実を取り出し、食べてみて、そのおいしさに驚いたりもします。鈴なりになったトマトも魅力的で、赤くなるまで待てずに緑のトマトのまずさを知り、赤くなるまで待とうとします。「採る」という行為にも、無上の喜びがあります。人参や大根がボコボコッと取れること、エンドウマメをブチンと採って、中から実を取り出すこと。どれも、子どもにとっては、大変おもしろいことです。

　身近で命の生長を感じ、その終わりを知り、さらにいただく（食べる）という経験は、今の子どもにとって、とても大切なことだといえるでしょう。

　自然は、私たちの命の基盤であり、共に生きるものです。そのことを感覚としてまるごととらえることができる子どもたちに、体験を通して伝えていくことが教育の役割です。

自然がもつ圧倒的な美と、さまざまな命がもつ不思議さは、子どもに深い感動をもたらします。「自然」は、子どもの表現を導く上で、欠かせない題材だといえるでしょう。

2. 子どもを取り巻く生活、文化的環境

生まれてからこの方、子どもたちは、大人のつくり出した環境に埋め込まれて生活しています。家で食事をし、睡眠をとり、スーパーで買い物をし、病院で手当てを受け、どこかに車でお出かけします。子どもは、暮らしの中で、まわりの環境に刺激を受け、それに着目し、それとかかわり、さまざまなことを学習します。

子どもの心を引きつけるものと表現とのかかわりは深く、彼らは、興味をもったものや出来事を自分なりに再現しようとします。ここでは、その生活、文化的環境について以下の3つの側面から考えていきましょう。

（1）生活場面とその周辺

子どもが、遊びの中でよく再現するのは、家での生活場面です。もっとも多いのが食の場面で、子どもにとってお母さんが、あるいはお父さんが料理をしてくれること、そして共に食べることは、とても大きな意味をもつのでしょう。それから、寝ること、お風呂に入ること、赤ちゃんのお世話などが主題になって再現されます。最近は、ワンワンやニャーニャーといったペットになって、小屋でずっと秘密主義的にくつろいでいる姿もよく見かけます。廃材を駆使してつくった最新機器のスマートフォンやパソコンも導入されますし、テレビ番組のキャラクターをモデルにして、お絵描きやごっこ遊びが繰り広げられることもあります。

そうして、世界を広げはじめた子どもたちは、家を出て、外の世界も再現するようになります。レストランやお店屋さん、そして、お医者さんなど、身近な社会の出来事に興味を寄せて、それを真似するのです。その社会が見えてくれば見えてくるほど、表現は具体的になり、現実味を帯びます。5歳児ともなれば、店員の所作はすっかりそれらしく、看板やメニューも用意され、レジカウンターがあり、手づくりのごちそうが並びます。ものと人と場所の関係が見えてくるのです。また、発達を視野に入れ、そのように環境を構成し、援助していくのが保育者の役割であるといえます。

生活の中で出会う憧れの存在も、彼らの表現意欲をかきたてます。消防士になって火を消したり、おまわりさんになってどろぼうを逮捕したり、看護師さんがけがを治したり、お店屋さんではお勘定をしたりします。

男の子は、消防車などの働く自動車や新幹線が大好きですし、女の子はケーキ屋さんやドレス、ファッションに強い興味を示します。もちろん例外はたくさんあるにせよ、傾向

というものは顕著にあります。子どもたちは、身近な生活、文化的環境にとても強い興味・関心を示し、それを自分なりの表現に変えながら、世界を広げていくのです。

（2）メディア

　現代の子どもにとって、テレビ番組のキャラクターは、彼らの生活に切っても切れないほど深く浸透しています。30 年以上前のヒーローやアイドルも健在であるため、それぞれがそれぞれに好きなキャラクターをもち、例をあげればきりがありません。4 歳児クラスの生活発表会で、ヒーローになって活躍する場面では、異なる番組のヒーローが何人も出てきたりします。

　おもしろいのは、それなりに、卒業らしきものがあって、丸みを帯びたキャラクターの低年齢児向けアニメから実写版の戦隊ものや戦いがメインとなるアニメへの移行が、お兄さんへの道であり、より装飾的なヒロインが活躍するアニメへの移行がお姉さんへの道であるらしいのです。好きになる対象がアニメか、実写かは、子どもによって興味が分かれるところであり、ときに女の子でも戦隊ものが大好きな子どももいます。

　こういったメディアに登場する子ども向けの番組やキャラクターは、彼らの「好み」であり、強い興味・関心の対象であることは間違いありませんが、園がそれをどう扱うかには差があります。一部のアニメやキャラクターなど市民権が与えられているものもあり、園向けの業者のカタログにも採用されていますが、市販されている戦隊もののグッズを置いている園はまずないでしょう。そして、本棚にその類の絵本やカードが置いてあることも、およそありません。ここには、子どもの「好み」を全面的によしとしない大人の立ち位置があります。それは、メディア漬けの子どもへの危機感であったり、個々の子どもの

家庭環境が反映されることへの警戒心であったり、園のイメージの問題であったりするでしょう。

　一方で、こうした番組やキャラクターが、なぜ子どもの心を引きつけるのかも、問う必要があります。なぜ、子どもは戦うヒーローやヒロインに憧れるのでしょうか。まず一つに、子どもは、世界において圧倒的な弱者であることがあげられます。基本的に、大人の敷いたレールの上を走らなければなりません。だからこそ、子どもは、強さの象徴としてのヒーローに憧れをもち、異世界への旅に夢をもつのでしょう。

　また、子どもにとって、世界は新しいことだらけであり、わからないことだらけです。だからこそ、潜在意識では常に不安を抱えています。その象徴が、お化けや怪獣だといえます。子どもは、異世界へ旅し、ヒーローになって、お化けや怪獣と戦い、勝たなければならないのです。

　また、特に女の子は、小さなころから装飾的な美への追求にこだわりをもっており、それを象徴する「かわいい」もの、リボンやハート、星やお花が大好きです。母親が三つ編みをすると「ずるい」といい、メーク道具にも小さなころから興味をもちます。そんな女の子たちにとって、キラキラしているメディアのヒロインたちは憧れの対象です。

　いわゆるキャラクターのおもちゃなるものを環境として置くかどうかは別として、憧れのキャラクターとその物語が代弁する彼らの心持ちは、表現への大きなモチベーションになっていることは間違いないでしょう。

§2　子どもの表現を導く保育者の役割

　子どもの豊かな表現を導く、自然、生活、文化的環境をどう保育に取り入れていくかは、重要な問題です。子どもたちは、保育者の用意した環境の中でしか、生きることができません。このことを踏まえ、保育の基本と、一保育者ができること、園としてすべきことを考えてみましょう。

1．保育の基本——「ねらい」や「願い」をもつこと

　保育者は、子どもにとって小さな太陽ともいえる存在です[1]。大好きな先生がすてきといったものはすてきに見えます。好きな先生でないとしても、先生がすてきといえば、そう思わなければならないのだろうかと思うのが子どもです。先生が大切だといったものは大切だし、先生がよいといったものが、よいものになるのです。だからこそ、保育者は自分の言動にねらいや願いをもつことが大切です。自分の感性のみで「すてき」だ「おもしろい」と騒ぐのは無責任というものでしょう。そこに教育的な根拠をもち、その視点で環境をとらえ、機会を見出し、子どもに投げかけ、共に歩むのが専門家としての保育者です。

　何を表現の題材とするか、そのためにどのような環境の構成をするかは、「ねらい」や「願い」から導き出されます。そしてその具体的な「ねらい」や「願い」は、目の前の子どもの姿から導き出します。「ねらい」とは、学びのターゲットであり、「願い」は、そこに個別性と時間を内包したものだと考えるとよいでしょう。保育者は、「ダンゴムシに親しむ」というねらいをもち、「ダンゴムシに親しんでほしい」という願いをもって、日々を過ごし、子どもとかかわります。決まった時間に、机に座って教科書を広げて学ばせるのではありません。子どもが自らつくり出す動きや思いと保育者の「ねらい」が、あるときには葛藤をもつことを前提とした態度の中に「願い」という言葉が存在します。保育者は、「ねらい」を「願い」に代えて日々の保育を営むのです。

　保育者があらかじめ立てるねらいは、たとえば、「自然に親しむ」→「身近な生き物に親しむ」→「ダンゴムシに親しむ」「カタツムリの飼育を通してうんちの色の違いに気づく」というふうに、教育課程や全体的な計画、そして年間指導計画といった長期指導計画から日案などの短期指導計画へと階層性をもちます。長いスパンをもつものほど、抽象度が高く、入れものが大きくなります。それは、子どもの主体性を主軸に置き、その実態に応じて柔軟かつ弾力的に計画を再構成していくことを可能にするためです。雨が多い年に、見ごたえのあるカタツムリとの印象的な出合いが、飼育に結びつく場合もあれば、希少価値をもつヤマアカガエルの卵塊との出合いが、飼育に結びつくこともあります。ダンゴム

シを毎日毎日集めている子どもの動きに注目させたい思いが、保育の方向をつくっていくこともあれば、アリの行列に興味を抱いた子どもの動きを拾って、アリの巣づくりをやってみることもあるでしょう。どれも、「身近な生き物に親しむ」内容です。

　毎年毎年、同じ年齢で同じ活動で「カタツムリの飼育」では、その年の、そのときのリアルな子どもの興味・関心をとらえようとする保育者の感覚が鈍磨します。

　一方で、子どもの実態からねらいを立てるということは、たくさんの子どもの興味・関心の取捨選択を意味します。ここに、保育者のセンスと経験が問われることになります。この取捨選択の背景に、発達理解や学びの見通しをもてているのが、専門家としての保育者です。1年目の保育者では、きっと何が何やらわからないでしょう。その意味では、一人の保育者を包む園の文化や同僚性が大きな意味をもってきます。保育の営みは、小さな仮説─検証の連続です。「ねらい」は仮説であり、「願い」はその検証を導きます。絶え間ない保育者の研究的態度が、保育を豊かにしていくのです。孤軍奮闘ではなく、組織としてのそのような態度が、何よりも望まれます。

2.　体験を組織する

　保育は、その施設内で行われることが一般的です。最近では、園舎をもたない野外保育を中心とした「森のようちえん」※)の活動も注目されていますが、基本的には保育施設内で営まれます。それはつまり、子どもの過ごす場所は、外との境界線をもっているということであり、その環境は限定的であることを意味します。ここに、何がどのように配置されているかは、その園の文化や理念を反映しています。その文化や理念は、主に園長のリーダーシップによって、デザインされます。

　本章「§1　何を「表現」の題材とするか」で述べたことは、ある園では可能であり、ある園では簡単ではありません。森を所有する園もあれば、道路に囲まれた園もあります。自然に包まれる体験をするために、いくつかのハードルを越えなければならない園はたくさんあるでしょう。施設内を緑化するにも、園外保育に出かけるにも、その園の考え方や条件が重要な問題になってきます。

　特に、子どもの表現を豊かにしようと願うなら、子どもたちが興味・関心をかきたてられ、憧れる対象とのかかわりがとても大切になります。園環境が貧困であればあるほど、自然豊かな場所やさまざまな大人との出会いが、大きな意味をもってくるでしょう。自然に包まれる体験をどう計画するか、消防士や農家の人、おまわりさんや大工さん、そして自分を慈しんでくれるさまざまな大人との出会いをどんなふうにつくっていくかが、園の

※)　デンマーク、スウェーデンではじまったとされる野外保育活動。「森などの自然豊かな場所で、年間を通して、子どもを保育する活動とその団体名」を総称していう 2)。

豊かさを支えていきます。

　園の保護者を含め、外部とかかわる体験を組織するには、園長、副園長、主任、保育者、ときには栄養士や看護師など全職員にそれぞれのステージに応じた役割があり、一保育者で、できることできないことがあります。自分のクラスだけ森や海に出かけることはできませんし、節分の鬼役を勝手に保護者に頼むことはできません。その意味では、子どもの豊かな体験を組織する上で、園全体が価値観を共有し、共通のねらいや願いをもつことが、とても大切であることがわかります。

　しかし、だからといって、一保育者が何もできないかというと決してそうではありません。自然に包まれたければ、晴れた日に子どもと地面に寝っ転がってみればよいでしょう。そこには、青い空が広がっていて、雲がたくさんの形をつくっていることでしょう。刻一刻と変化する空は、魅力的で見飽きることがありません。地面を掘ってミミズを触ってみることだって、子どもにとっては大事件です。昨今では、保育者にとっても大事件かもしれません。それに、カタツムリやダンゴムシの飼育に反対する園は、そうありません。避難訓練で来た消防士に、"そのヘルメットを見せてください"と頼むことだってできます。そんな出来事を心に留め、一日の記録として積み重ねる中で、子どもを表現へとかきたてる何かを共有し、それを深めるための手立てを見つけていくことは、どの保育者にもできることです。まずは、保育者が「やってみること」が、何よりも大切でしょう。

演習課題

写真：篠木 眞

写真の子どもは、何を感じ、どんなふうな心持ちているでしょうか。
それぞの写真の子どもについて考えてみましょう。

58

Part 2

子どもと表現

Part 2 では、音楽表現、身体表現、描画・造形表現の3つの分野から表現の問題を考えていきます。最初に音楽表現について考えます。子どもにとって音楽の楽しさはどこにあるのか、そしてうたう楽しさ、音とのかかわりについて、発達的な視点を含めて具体的な事例をあげながら考えていきます。

身体表現では、ダンスとごっこ遊び（フリすること）について、考えます。どちらも、他者への発信を意図して身体を使います。見られることが喜びとなるための教材の工夫、保育者の援助について具体的に学びます。また、日ごろのごっこ遊びの楽しさから、いかに生き生きとした劇を生み出すかについても考えていきます。

最後に、絵画・造形表現を取り上げます。発達による表現の違いや、子どもの苦手意識などについて、具体的な事例から学びます。特に口絵を参考にしてください。

第3章　音楽表現

§1　音楽と子ども

1.　音楽に出合う

　子どもと音楽の出合いについて、ある一つの事例から出発したいと思います。ここには、人が音楽を楽しむことの本質が、よく表れています。

　子どもと音楽の出合い（園全体、5月）

　　ハンマー・ダルシマー※)とギターのデュオ、「亀工房」が、コンサートにやってくる。リハーサルで、音の響きを確かめながら、演奏の位置取りを決めていく。そして、できるだけ音が近くで届くよう、ホールの真ん中に位置を取る。
　　子どもが演奏者をすり鉢状に囲んで、コンサートがはじまる。童謡をアレンジしたものやルンバの曲が演奏され、そのうち2歳児がバタバタと寝はじめる。それから、ハンマー・ダルシマーの台に耳を当てて、その振動を感じる子ども、自然に身体を揺らし、踊り出す子どもが現れ、それがまわりへと広がっていく。

　　演奏者は、離れたところに座っている子どもたちにも音が響くように、ホールの真ん中に位置を取りました。途中で演奏の向きを変え、どの子どもにもその響きを届けようと工夫していました。
　　コンサートは40分ほどでしたが、あと10分か15分長ければ、音と身体がシンプルにおよそ完全に共鳴する、お祭りのような非日常的空間が生まれたでしょう。この事例で注目したいのは、音楽には、寝るに至る心地よさがあること、思わず、身体が動き出すこと、

※）ハンマー・ダルシマーとは、台形の胴に、80数本の弦が張られた打弦楽器。2本の木製のバチで叩いて演奏する。倍音豊かで透明感のある美しい音色を奏でる。

「響き」が、重要な要素としてあることです。心地よさ、リズム、音の響きが一体となっ て、音楽は、何ものにも代えがたい独特の空間を生み出します。

　人間は、胎内にいるときから、音に包まれて育ちます。実験によると、胎内でまず聞こ えてくるのは、子宮動脈を流れるリズミカルな血液の音です。胎児は、母親の呼吸と心拍、 リズムと振動の世界にいて、自分のまわりにあるリズムとともに成長するようにできてい るのです[1]。それは、何度も心地よさとして胎児を眠りへといざなったでしょう。

　このコンサートでバタバタと寝たのは幼い2歳児ばかりでした。きっと、2つの楽器が 奏でる音の響きとそのリズムが、胎内にいるときのように、心地よかったのでしょう。ま た、この空気の振動に敏感な子どもが、発信源であるハンマー・ダルシマーの台に耳を当 てて、それをより感じようとしていました。音楽が、聞くものであると同時に感じるもの であることがわかります。

　さらにここでは、自然に踊り出す子どもも出てきて、それがまわりへと伝播していきま す。これは「引き込み」といわれる現象で、もともと異なった周期（周波数）で振動して いる2つの物体が、互いに影響を与え合うことによって、同じ周期で同期して振動するよ うになることをいいます[2]。人は、リズミカルなビートに引き込まれるのです。音楽を聞 いていると、自然に身体がそのリズムに乗って動き出すことがよくあります。胎内で母親 の呼吸音や心臓の鼓動とともに育ってきた私たちにとって、リズムに乗ることはとても自 然なことであり、心地よいことなのでしょう。事例では、この音楽的引き込みが広がって いき、独特な非日常的空間が生まれつつありました。

　諏訪淳一郎は、音楽は「聞こえてくるもの」であり、「語りえぬもの」として鳴り響く もので、意味するものとされるものの関係に置き換えることはできず、時空間が互いにつ ながっている世界として姿を現すと述べています[3]。そして、このつながった「いま＝こ こ」が他のどのような時空間によっても代替不可能という意味において、音楽は「かけが えのないもの」として鳴り響きます。「亀工房」が演奏する音楽のリズムに乗る子どもた ちの姿は、音楽の一部として分かちがたくあり、それは「かけがえのないもの」として存 在します。同じようなことが、馬頭琴とハンマー・ダルシマーとバウロンのトリオ、「カ ルマン」の演奏のときにも起こりました。子どもたちが、音に合わせて自然と足踏みをは じめ、それが伝播していったのです。

　民族音楽学者のトマス・トゥリノは、こうした一体感を生み出す音楽を参与型音楽と呼 んでおり、音の「反復性と形式的な予測可能性」がそれを促進すると述べています[4]。子 どもの参与を自然に生み出した音楽が、どれも古代の民族楽器が主体のものであった点が 興味深く思われます。同時に、「いま＝ここ」を共有する演奏者もまた、子ども（受け手） のリズムに乗っていきます。亀工房の演奏者でもある前澤勝典は、これを「お互いの波動

のようなものの共有」だといいます。これは、音楽が録音されたものではなく、生の音であったからこそ立ち上がった時空間であり、この一体感こそが、音楽の力というべきものでしょう。

2. リズムが生む楽しさ

　生後2か月から3か月ほどになると、赤ちゃんはしきりに声を出しはじめます。そこには、高低差があって、まるでうたっているようです。息を出していれば吸うために音が止まるので、何となくリズムのようなものが生まれます。母親は、赤ちゃんの声に喜びとおもしろさを覚え、思わずそのリズムに合わせて、声を出します。これは、音楽的な同期といえるものであり、母親と子どもは自然な同調性で結ばれているのです。もちろんこの逆もあって、母親の問いかけや言葉の呼吸に合わせて、赤ちゃんがあいづちを打つかのように、声を発することもあります[5]。

　そうして、母親と子どもは「いないいないばぁ」を楽しむようになります。これを西村清和は、「遊び」の祖型であるといいます。彼の論を要約すると、次のようにいうことができます。

　　　遊びとは、ある独特の存在状況であり、その構造は、次には充実されるはずの僥倖への宙づりにされた期待の遊隙（遊びの隙間、余地で一つの未解決で不安定で自在な余裕）と、そこに生じる緊張と解消からなる遊動（遊隙の内部に生じる遊びの振り、算定不可能な多義性）に共にのりあわせる同調にある[6]。

「いないいないばぁ」で、期待の緊張が吊り上がり、「ばぁ」でそれが解放されます。母親と子どもは、そこで緊張と解放のリズムを共有しています。このときの一瞬の間が「遊隙」であり、そこから生まれる動きが「遊動」です。このリズムには、変化があって、機械が刻むようにいつも同じでは、期待の緊張は吊り上がりません。ほどよい緊張は、未解決で、算定不可能であるからこそ起こります。母親は、赤ちゃんの反応を見ながら、微妙に音の幅や長さやタイミングを変えて、刺激を新奇性に満ちたものにしていきます。母親は赤ちゃんに感応する中で、自然とそれをするのです。

　そうして、「こちょこちょ」もはじまります。「こちょこちょこちょこちょこちょこちょ」というリズムに合わせて、子どもは笑います。「こちょこちょ」は、黙ってやることはあまりありません。そこに音声を足して、リズムをつけます。声は状況を彩るものとしてあり、子どもは、身体的な「くすぐったさ」に重なるその声の調子でも笑います。だいたいにおいて、刺激は強く、早くなっていくのが一般的で、最後は、「笑い」と「こちょこちょ」

が限りなく同期していって、するほうもされるほうも分かちがたく「こちょこちょ」の世界にいます。

こうしたやりとりを、園での2歳児の事例から見てみましょう。

 事例　「パタパタ」と走る（2歳児、6月）

ショウタとタクミがパタパタとプールサイドを走るので、保育者が「パタパタ」といってみる。すると、それを聞いてうれしそうに笑って走る。そこで、「パタパタパタパタパタ」と音を増やしてみると、もっとうれしそうに笑いながら走る。次に、保育者が高低をつけて、

「**パタ パタ パタ パタ パタ パタ パタパタパタ**」というと、「キャ〜」と笑って走る。

それから、保育者の声を期待して、タイミングを合わせるかのようなタメがあって、保育者の「パタパタパタパタ」という声と一緒に走る。

2人は「キャァキャァ」と笑いながら、交互に保育者の声に合わせて、何度も何度もパタパタと走る。

音楽の喜びの第一の要素は、そこに流れるリズムを共有し、世界をそれ一つに彩ることです。場に流れるリズムは、参加している人の呼吸によって形づくられ、その内容は、次への予測性と新奇性に支えられています。

筆者の園では夏になると、「水のぶっかけあいこ」というものをします。水をかけて、かけられてのやりとりをおよそ30人、ときには60人の子どもたちと保育者で、延々と繰り返すのです。不意打ちで顔面に浴びせる快感は、何ともいえないものがあります。最初は、何となく散らす、からはじまって、その小さなやりとりが、瞬く間にまわりへと広がっていきます。

そこにいる誰かと目が合い、どちらからともなく追いかけっこがはじまります。逃げる─追う関係には、ある種のリズムの共有があって、「とととととととととと」と両者が走り、あるタイミングでザバーンと水が解き放たれます。次は、逆パターンです。このやりとりが、手当たり次第に行われるのです。

　そうして、園庭は非日常的空間へと変貌し、心と身体の躍動が生む壮大な「音楽」が流れはじめます。そこは、とても感覚的な世界であり、参与している人間は、分かちがたく結びつき、同調のリズムの中にいます。参与者の身体的な感覚を通して、そのやりとりは早くなったり、遅くなったり、激しくなったり、弱まったりしながら続いていきます。個々のやりとりでありながら、そこには全体的にうねるリズムがあります。これは、人と人のかかわりが生む音楽的な世界だということができるでしょう。

　仕かけたり、受けたりして、同調のリズムは流れていきます。こうした一体感に満ちた人との関係性が、手遊びやダンス、うたう喜びにつながっていくのだといえます。

§2　歌と子ども

1.　子どもの歌唱の発達

　歌には、メロディと歌詞があります。これらは、ある心情や情景を表すものとして働きます。前述したように、遊びの中で、ある歌がふと子ども同士の間で生まれるのは、その歌の気分を共有するからです。そうして、「いま＝ここ」にあるかけがえのない一体感が生まれます。

　一方で、歌は知らなければ、うたえないという問題があります。そのようなわけで、園では、保育者の設定した時間にクラスでうたうという活動が圧倒的に多くなります。そもそも、子どもは歌唱について、どのような習得の過程をたどるのでしょうか。少し長くなりますが、大畑洋子のまとめた概論をここに引用しましょう[7]。

　　1歳くらいになると、音楽が聞こえると身体で調子をとり、メロディらしいものを口ずさむようになります。「子どもがうたう」という過程には、子どもの音声表現にこたえたり、子どもに積極的にうたいかけたりする大人が、大切な役割をもっています。この身近な大人と子どもとが、一体になって行う相互交渉が歌唱表現の習得の原点となります。

　　実際の歌唱の習得過程では、音楽や歌の抑揚やリズムをとらえて、模倣したりする表現から始まります。習い覚えた歌をどのように表現できるようになるか、歌の習得過程を見ていくと、まず曲のフレーズの終わりの音や終結部、または印象的な部分をうたい、しだいに歌詞とおおまかなメロディの輪郭が整えられます。ついで歌のリズムを再現しようとし、最後に音程が正確になるという過程が見られます。

　　歌らしいメロディがうたえるようになるのは、2歳から3歳にかけてです。2歳くらいになるといくつかの歌を覚え、曲の一部または全部をうたえるようになりますが、狭い音

域で音程が不安定な、いわゆる調子はずれの歌がうたわれます。

　（中略）

　3，4歳になると曲全体がうたえるようになりますが、上昇音は低めに、下降音は高めにうたわれ、中央に寄せられた音域が縮小されてうたわれます。4歳になると音域も広くなり、即興的にうたわれる歌に調性はあまり感じられませんが、鼻歌のようなムードとしての表現だけではなく、歌として独立したメロディがうたわれるようになります。

　4，5歳ころには知的発達にともなって、遊びの中で歌を即興的にうたったりします。また、テレビのアニメソングやコマーシャル、歌謡曲などをよく覚える時期でもあります。

　自然発生的あるいは即興的にうたわれるメロディも、5歳を境に種々の要素の発達が認められ、さまざまな機能が出そろい、学習適応の体制が整うということからも、体系的な音楽教育も可能となる適時といえましょう。

この発達の道筋を念頭に、園での子どもと歌について考えていきたいと思います。

2.　歌のはじまり

（1）心地よい声を聞く

　歌の出発点は、心地よい声を聞くことからはじまります。母親と赤ちゃんの間にある特徴的な音声表現をマザリーズといいます。先にも述べましたが、これは、母親と赤ちゃんの同調関係によって生まれます。吉永早苗は、このマザリーズについて、幅の広い音程に反復型のリズムをもち、情緒的な感じと指示的（知識を与える）内容をもつのであって、音楽の性格と大変よく似ており、母親の口ずさむ、歌のような抑揚ある声は、乳児の関心を引きつける「音楽」だと述べています[8]。

　また、母親がうたう子守唄は、どの国の文化においても、マザリーズの抑揚や発生の性質と大変よく似ており、おしなべてゆっくりしたテンポをしていてメロディの繰り返しが多く、やや高い声でうたわれます[9]。筆者も子どもが生まれて、無性に歌がうたいたくなりました。自然に頭に浮かぶのは童謡ばかりで、特に、「七つの子」を何度もうたいました。湧き出るような愛情にぴったりの曲だったのです。母親や身近な養育者と子どもは、自然に音楽的な絆を結ぶのだといえるでしょう。

（2）保育者の声と歌

　言葉の発達が聞くこと、模倣することからはじまるように、歌の習得も聞くこと、模倣することからはじまります。その意味では、保育者が心地よくうたうことが、何よりも大

切になってきます。そこでまず、保育者は自分の声に自覚的になる必要があるでしょう。吉永は、5歳児の子どもが、表情の異なる「はい」という言葉の言外の意図、たとえば「明るい返事」や「聞き返す感じ」などを、精細に読み取っていることを実験によって明らかにしています。また、子どもの自由回答では、命令の機能をもち、急かすイメージを意識した発声サンプルについて、「好きな人に呼ばれてドキドキ」など、聞き取る側の豊かな感性にも着目しています[10]。

　およそ20名の保育者を見る園長として筆者が思うことは、パフォーマンスの上手な人は、声色をかなり使い分けているということです。また、明るく、朗らかな人の声は高く、落ち着いた、穏やかな人の声はふくよかな低音です。一方で、保育がうまくいっておらず、子どもにいうことを聞かせようとする態度が強くなると、保育者の声はとんがった地声の響きが強くなります。保育者の声というのは、自分たちが思っている以上に、子どもたちの感覚に語りかけています。子どもに対して、自分がどのような声を使って接しているのか、意識してみることが大切でしょう。

　特に、子どもとうたう場面で、心地よい歌の気分を表す声を出せているでしょうか。手遊びの場面でよく見受けられることですが、意外なほど、とんがったあまり美しくない地声ではじめる保育者が多いのです。筆者の園でも気を抜くとそのようになっている様子があります。あとに述べますが、手遊びについて、そのものを楽しむというよりは、子どもを集めて注目させることを目的としてしまう場合が多いからかもしれません。また、ピアノの前奏のように、保育者自身に出だしの拠り所とする音がないせいか、高すぎたり、低すぎたりすることも多く見られます。音を外すことは論外ですが、残念な場面を見ることもあります。普通の声でも、心地よさそうな「うたう声」であってほしいと思います。そしてそのためには、予想よりもはるかに、保育者にきちんとした意識が必要だといえます。

（3）さまざまな場面と歌

　心地よい眠りにいざなう子守唄には、子どもを寝かせるという場面に共通の雰囲気というものがあるわけですが、そもそも歌というのは、ある心情や情景をメロディや歌詞で表したものということができます。保育者と子どもは、毎日の生活の中で、多様な場面を共有します。それは、さまざまな気分を分かち合って、たくさんの歌が生まれる可能性を意味しています。森に行ってカタツムリと出合った保育者と2歳児の事例を見てみましょう。

 でんでんむしむしカタツムリ（2歳児、6月）

　森で、たくさんのカタツムリを見つける。保育者が「で〜んでん、む〜しむし、かぁたつむり〜」とうたうと、カタツムリが殻からにゅ〜、と出てきた。その角をツンとすると、ぴゅっと引っ込む。

また、歌をうたうと、タイミングよく角が出てくる。また、ツンとする。また、歌をうたう。子どもたちも一緒に歌をうたい、角が出てくるとツンとして遊ぶ。

「で〜んでん、む〜しむし、かぁたつむり〜」のフレーズと「カタツムリが角を出す」様が、ぴったりと合った事例です。そうして、（サービス精神旺盛な）カタツムリが角を出すという現象が、歌によって彩られ、保育者と子どもは一つの世界を共有します。

　先ほど述べたように、歌は、ある心情や情景をうたったもので、日常生活の中で、思わず出てくる歌は、とても幸せな歌の一つです。たとえば、「もっし、もっしかめよ〜、かめさんよ〜」とうたいながら亀を見るとか、チューリップを見ながら、「さいた〜、さいた〜」とうたったり、雨の日に「あめふりくまのこ」や「雨」をうたったり、多様な生活場面を共有する保育者だからこそ、できることがあります。特に3歳以下の子どもたちには、保育者が、意識してさまざまな場面に歌を乗せて、その情景を表す歌の世界を子どもと楽しむことが望まれます。またその意味では、園でうたう毎月の歌などは、子どもの経験や保育者の願いを念頭に選ぶことが大切になってくるでしょう。

（4）手遊び

　手遊びは、往々にして、本を読む前や保育者の話の前、すなわちメインの前座のような場合も多く、中には「手はお膝」で終わるものもあります。便利であることは確かですが、多くの保育者が、手遊びの終わりとともに、子どもが全員自分に注目したかを確かめ、メインと思われる次の活動へと向かいます。ですが、音楽を共に楽しむという観点から、手遊びをもっと見直すべきだといえます。

　手遊びは、その構造が単純であり、繰り返しのリズムに乗って、うたいながら身体を動かすことができ、子どもにとっては、とても楽しい活動の一つです。繰り返しの中に内容の変化があり、次、何が来るかなという期待の緊張も内包されています。それが子どもの楽しさを誘います。

　つまり、手遊びは、リズムの楽しさとともに、遊びの祖型、「いないいないばぁ」の構造をもっているのです。したがって保育者は、その「いないいないばぁ」のような出来事をドラマチックに演じることで、楽しさを演出することができます。だいたい手遊びは、指の形とその組み合わせで、何かをイメージしながら進んでいきます。たとえば、「1と5で、たこ焼き食べて〜」とか、「右手はグーで左手はチョキで、かたつむり〜」など、「何ができるかな」のところを「いないいないばぁ」の要領でドラマチックに演出していくのです。

　楽しくリズムに乗ること、そして、ドラマチックな展開を演出することで、楽しい音楽

の時空間が生まれます。保育者と子どもが調子を合わせること、同調することによって、「いま＝ここ」にある、かけがえのない時空間をつくることができるのが手遊びなのです。

3. うたう喜び

　好きなフレーズを繰り返したり、短い歌を何度もうたって楽しんでいた時期を経て、4〜5歳になると、本格的に歌詞を覚え、メロディラインに沿って歌がうたえるようになります。歌詞が呪文ではなく、言葉として意味がわかるようにもなります。

　歌詞が理解できはじめるということは、その歌の世界観に心を寄せることができるということです。しかしそれは、覚えれば叶うというものではありません。言葉の理解の背景には、リアルな体験が必要です。歌詞のすべての言葉をリアルに感じることはむずかしいかもしれませんが、体験がベースにあってこそ、歌詞は生き生きと動きはじめます。みんなで見た虹をイメージしながら、「にじ」をうたったり、力強い未来への躍動を歌詞に感じ、「怪獣のバラード」をうたったり、「ね」の歌に卒園の気持ちを重ねて、友を思いながらうたうこともできます。「こころのねっこ」をうたいながら、「あ、私泣きそう」と、涙ぐんだ子どももいました。このように、歌にあるイメージを共有し、それがもたらす気分を共有することによって、大きな連帯感や喜びが生まれます。

　日常の中で、歌はどんなふうに遊びを彩るのでしょうか。お茶の水女子大学附属幼稚園の5歳児のごっこ遊びの事例を見てみましょう。

 うたう気分を共有する（5歳児、12月）

　ユメカとアイラがフルーツ屋さんごっこをしようと盛り上がる。お店のカウンターを飾りつけ、お店に置くものを書いたりする。

　ユメカが「いいものがあったわ」といってポリエチレンテープをもってくる。2人で三つ編みをはじめる。アイラから、アニメのテーマ曲の鼻歌が出はじめる。

　そして、2人は、何の役になるか話し合う。ラプンツェル他、いろいろなヒロインの名前を出して、これにする、やっぱりあれにすると話している。それから、

　ユメカ：「やっぱり、おかあさまよ」

　アイラ：「おかあさまってひどいの、私をいじめて」

などと役になりきった話をしながら、また鼻歌をうたいはじめる。

　ユメカが、自分の三つ編みを見て、

　「やっぱり、私、人魚姫になる。こんな太いの、人魚姫で見たもん」という。

　アイラ：「私、何にしようかな。ラプンツェルとシンデレラにする」

といって、またアイラが、うたう。

　途中で電気が消える事件が起こる。「こわいわ〜」といいながら、ちょっとまわりを見に行く。

　電気がつき、ほっとして三つ編みを再開する。今度は2人で、歌をうたいはじめる。

「すて〜きな、……」

アイラ：「フォ〜ユ〜」

ユメカ：「あ、フォ〜ユ〜」と合いの手を入れる。

アイラ：「わたし〜は。ラプンツェ〜ルよ〜」

ユメカ：「うふふ」

しばらく三つ編みをする。

ユメカは、2つ目の三つ編みに入っている。今度は、ユメカがうたいはじめる。2人で、声を合わせてうたう。

「たどりつくのはおなじ、たそがれのうみ〜」

「おいかけて〜、きっと、わかる〜の〜」

保育者が通りかかると、「見て〜」と三つ編みを見せる。

アイラ：「うたいながらなんて、ちょっとCD流したいな〜」と独り言のようにいう。

ユメカ：「そうね〜」とあいづちを打つ。

ユメカが、自分が椅子に座っていなかったことに気づき、アイラに交渉して、椅子を寄せてもらい、2人は少し離れたところに座って、また三つ編みを続ける。

そして、また2人でうたいはじめる。フレーズとフレーズの間を2人で計ってうたっている。目と目を合わせ、呼吸を意図的に合わせている。

「心に響くなら〜、光かがやく〜」

アイラ：「歌、終わっちゃったよ!!　とうとう、覚えた！」と感動する。

また、2人でうたう。視線を合わせ、呼吸を合わせてうたっている。

保育者が近くにやってきたので、

アイラ：「ね〜、先生この曲流して」と頼み、CDをもってきてもらう。

なかなか鳴らなかったCDが鳴ると、2人で「やったー！」と喜ぶ。

2人は、三つ編みを髪につけ、腰に布を巻く。そして、今度はおどるためのステージをつくりはじめる。最初の場では狭いので、遊戯室に移動して、自分たちのステージをつくる。最後は、猫ちゃんごっこをしていた子どもたちと保育者と一緒におどって終わる。

この遊びのおもしろいところは、「フルーツ屋さん」としてはじまったごっこ遊びから、共にうたう心地よさを通して、その主題が変わっていくところにあります。

最初は、アイラの気分から歌がはじまります。三つ編みをする間、アイラは手を動かしながら、楽しそうに歌をうたいます。三つ編みの作業とラプンツェルのイメージと歌は連動しています。遊び仲間として同じように三つ編みをしていたユメカも、次第にその気分を共有していき、2人は一緒にうたいはじめています。前半は、アイラに合いの手を入れるように、ユメカがうたっていますが、そのうち今度は、ユメカが先にうたいはじめます。気分は一つになり、歌が彼女たちの世界を包みはじめます。

69

　そうして、「共にうたう」ことが、彼女たちに意識化され、互いにフレーズの間を計り、呼吸を合わせてうたうようになります。いつしか、フルーツ屋さんだった遊びは、「うたうこと」が主題となった遊びに変わっていきます。

　本格的にうたいたい気分から、CD に合わせたくなり、保育者に頼んで手に入れます。2 人の気分の盛り上がりは、編んだ三つ編みと布のドレスでさらに確かなものとなり、踊りへと発展していきます。いざ曲を聞くと、おどりたくなったのでしょう。2 人で、ステージづくりがはじまります。いざおどるとなって恥ずかしくなった 2 人でしたが、保育者も一緒に入ってくれて、充実した終わりを迎えることができました。担任保育者によると、この日、慎重派のアイラがはじめておどることができ、本当にうれしかったとのことでした。

　この事例から、うたう気分を共有する喜びとその喜びが主題となって遊びの世界がつくられていく様子を見ることができます。おおむね一斉活動で歌を指導し、子どもにうたわせる機会が圧倒的に多い保育者にとって、注目すべき事例です。歌が生まれる状況性には、よい気分があります。そして、それを友達や保育者と共有するともっとよい気分になります。歌の力は、その世界を心地よさで一つに彩るところにあります※)。歌は本来楽しい気分から生まれるものであり、歌や歌のようなものが生まれる世界こそが、大切にされるべきでしょう。

※)　しかしながら、囃子言葉などで、子どもが分断される場合は、その背景と要因に配慮を要する。笑って済まされる場合もあれば、そうでない場合もある。歌の一体感が対象を排除する力を強める場合もあることは、頭に置いておく必要がある。

4. クラスで共にうたうこと

　歌には、歌詞があり、メロディがあるので、うたうためには覚えなければなりません。メディアを通して定期的に聞く曲やお母さんが何気なくいつもうたっている歌を覚えるのは、とても自然で楽しいことでしょう。サビから全体へと、または好きな部分から全体へと歌は広がっていきます。特に、大好きな番組の曲は、覚えたいという意識が強く、画面の前で身体を揺らしながら一緒にうたっています。また、その年のはやりの歌は、子どもと大人を超えて楽しまれます。

　一方、ほとんどの園では毎月の課題曲があって、子どもたちはそれをうたうことになります。季節を感じてほしかったり、その年齢にふさわしい楽しい曲や美しい曲に親しんでほしいという願いが込められています。

（1）クラスでうたうことのむずかしさ

　保育者にとって毎月の課題曲は、子どもへの保育者の課題です。保育者は、歌詞とメロディを子どもが覚えるようにしなければなりませんし、クラスでその曲をうたえるようにしなければなりません。

　歌のむずかしいところは、それが唯一無二の状況性をつくるものであり、気分を共有することが必要不可欠だということです。ここには、保育者のクラス運営が深くかかわっています。クラスに対する所属意識の低い子どもは、この唯一無二の状況に参加しようと思いません。だから、うたわないのです。このことと、日常の保育者のその子どもへのまなざしは、相関しています。そうして、クラスにまとまりがなければ、歌はバラバラです。また、そのときに気分が乗らなければ、うたう気にはなりません。さらに、歌詞がおぼろげで、メロディについていけない場合もうたう気分は半減します。

　したがって、クラス全員が楽しくうたうということは、実はとてもむずかしいことなのです。幾人かの積極的な子どもや理解力の早い子どもに助けられて、クラスでうたっている気になってしまっている保育者は、とても多いでしょう。その昔、ある公開保育の帰りの会で「おもしろかった～」とうたわされている子どもたちの声は、やけくそにしか聞こえませんでしたが、うたわせていることに慣れていると、そこにある子どもの心には、なかなか気づけないものかもしれません。

（2）共にうたう楽しさと喜び

　このように、クラス全員が同じ気分で楽しくうたうことは、本当はむずかしいものなのですが、歌の力というものも、また大きいのです。子ども同士が、歌の世界に入っていき、

共にうたうことで確かなつながりを感じたとき、歌は幸せを運びます。

　子どもにとって、おそらく人にとって、歌がもっとも心地よく感じられるのは、思わず口をついて出たものが共有されるときでしょう。同じ気分が、心地よさとして広がっていくときです。その意味では、保育者がよい気分でうたうということが、日常に埋め込まれていることが大切になります。また、前に立って教えるときには、その気分を表現できることが大切であり、歌は幸せなのだという心持ちを伝えられる表現者であることが大切になってきます。また、歌詞が表現している物語や意味を、子どもにわかるように、イメージが湧くように話をしたり、視覚的な教材を使う工夫も必要です。

　保育者は、歌の心地よさを体現する表現者であること、歌詞やメロディを伝えるための工夫ができる人であること、そして、クラス一人一人にていねいなまなざしを送る人であることが、クラスで歌をうたう楽しさと喜びを支えるのです。

　また、歌は、うたうことそれ自体が心地よいものですが、同時に聞かせるものでもあります。4歳児や5歳児になると、人に聞かせることにモチベーションを見出し、そのために声の出し方を整えたり、まわりと外れた音に自分で気づいたり、聞き分けたりすることができるようになります。そして、「声が合っている」という感覚に気づき、そこに喜びを見出すこともできます。そうすると、歌は喜びを軸として洗練されていきます。声を出すという出来事への意図性が高まると同時に、歌への集中力も高まります。そうして、場合によっては、大人の心を打つような子どもにしか生み出せない歌の世界が立ち上がることもあります。しかしそれは、目指すものというよりは、そのときの心のつながりやタイミングやいろいろな条件が重なって、生み出されるものだといえるでしょう。

　歌は何よりも、うたう喜びを共に感じる体験が必要です。

§3　音と子ども

1.　日常生活と音

　私たちは、目を閉じて視覚情報を遮断することはできますが、耳は常に開いています。そのため、防げない音も数多く存在しますが、たいていの音は聞き流すことで、日常生活をやり過ごしています。静かな夜の、町の音と田舎の音は、質が違います。はっきりと聞き分けられなくとも、身体に感じる町の音は、室外機の音や機械の音が主で、田舎の音は風が葉を揺らす音や虫の動く音です。日中の町では、至るところに車が走り、店では音楽が流され、常にさまざまな音でごった返しています。現代の私たちは、それを意識に上らせることなく、いわば遮断して、その場を過ごす傾向にあります。特に都会では、音に鈍

感でないと生きていけないともいえるでしょう。

　しかし音は、その状況を表す大変重要な情報源です。子どもも大人も、ハッとするのは救急車や消防車の音で、「何かあった！」と即座に耳が反応します。人が歩いてくる音、下駄か、草履か、サンダルか、ブーツか、長靴か、それぞれで音は異なりますが、その音がその存在や何が起こっているのかを伝えています。聞く力は、体験によって培われます。音を聞き流すのではなく、耳を澄まして聞くことや何の音か興味をもって聞くことは、今の子どもたちに必要な体験だといえます。

２．　音として感じる

　特に、現代の子どもに耳を澄ましてもらいたい音、気づいてもらいたい音は、自然のそれでしょう。鈴虫の声の美しさはまた格別ですが、自然の音や、小さな生き物の出す音は、異なる命の存在を私たちに投げかけます。森で耳を澄ますと、意外に機械の音がよく響いてくることがわかります。それから、谷川を流れる水の音が聞こえてきて、鳥が鳴き、ハエの飛ぶ音やときおりカサコソという音が聞こえてきます。耳を澄ますと、たくさんの音があるのだとあらためて気づきます。

　自然の音をオノマトペ（擬声語）で表現してみると、子どもたちの間からいろいろなものがあがってきます。雨の音を「ピチピチ」「ジャージャー」といったり、鳥の声を「ピュピュ」と表したりします。ある子どもが、森で葉っぱについたしずくを眺めていると、そのしずくが額に落ちてきました。するとその子どもは保育者を呼んでこういいました。「せんせい、今、ドンッってした」一滴のしずくを「ドンッ」と感じられる世界とは、どのような世界でしょう。きっと、世界がその子どもとしずくだけになったシンプルな世界であり、そのしずくの存在が限りなく大きくなっていることがうかがえます。音の表現には、そうした感覚をダイレクトに表す力をもっています。だからこそ、音がさまざまなイメージと結びつくのだといえるでしょう。

３．　音を鳴らす

　音を鳴らすといえば、楽器ですが、まず子どもが出合うのは、動かせば鳴る楽器です。すなわち、鈴やマラカスで、その次は、叩けば鳴るたいこやトライアングル、タンバリンといった打楽器が一般的でしょう。

　3歳未満の子どもにとって、楽器は、およそ楽器ならざるものです。まず、うまく音が鳴りません。しかし、自分のアクションによって、音が鳴るという出来事におもしろさを感じ、身体と楽器という物体との試行錯誤をはじめます。2歳児の事例を見てみましょう。

① 鳴る喜び（2歳児、2月）

　ユウキがカスタネットを取り出し、鳴らしはじめたことを皮切りに、どんどんと楽器を手にする子どもが増えはじめる。そこで、保育者が楽器をまとめていた箱を出す。

　たいこ、鉄琴、カスタネット、マラカス、鈴が入っている。クラス全員（18名）が、思い思いに楽器を手に取って鳴らす。自分の操作で音が鳴ることがうれしい様子で、保育者のほうを向いて、「見て、鳴ったよ」というふうに、笑顔を浮かべる子どもが何人もいる。

　しかし、力加減がうまくいかず、なかなか音がきれいに鳴らない。たいこの場合、叩いたときによく鳴る場所と鳴らない場所があり、偶然真ん中にバチを当てれば、きれいな音が鳴る。感覚的に、よく鳴るとうれしいようで、そこに意識を向けている様子がある。

　鈴は、手の振り方でよく鳴る、鳴らないがあり、振りすぎると鳴らず、ときおり、きれいに鳴る。ハルキやクルミは、右手で鈴を振ってみるとよく鳴ることに気づく。

　鉄琴は、うまく当てるとよく鳴る。腕を振り下ろす動きなので、一定の間隔で音が鳴りやすい。ハルキは、よく音を聞いており、特に和音の音を楽しんでいる。

　全般的に、どの子どもも音を聞いて、自分の身体を調節する様子が見られました。いろいろな楽器に手を出し、ひたすら音を出して、確かめています。たいこやカスタネットでは、自然と歩きながら、音を出すことを楽しんでいましたが、リズムや拍子をとるという感じは皆無です。しかし、自然に歩く動きが出たことから、リズムに乗ることができるもの、という感じはあります。まず、楽器を鳴らすには、身体が楽器とうまく協応することが大前提であることがわかります。

② 鳴る喜び（2歳児、2月）

　15分ほど、好きに鳴らしたあと、保育者が積み木で長細く座れるところをつくる。みんなが、ぱっと自然に楽器をもって座る。保育者が、もう一人の保育者に「ピアノいけますか～？」と声をかける。

　まず、子どもたちの大好きなアニメの主題歌を弾く。ずんちゃ、ずんちゃのリズムが、取りづらく合わない。だが、子どもたちの間では、楽器を鳴らして気分は盛り上がっている。サビのところは、何とか合う。

　次に、はじまりの気持ちをそろえるためか、お辞儀の合図で使う「じゃーん、じゃーーん、じゃーん」を入れてから、カエルの歌を弾く。リズムが取りやすく、子どもたちの出す音とよく合っている。それから、生活発表会でやった、うさぎ、恐竜、森のくまさんの曲で終わる。生活発表会の経験が影響し、楽器を鳴らすことよりも、身体を動かすほうに、子どもの動きがシフトしていく。

　楽器をうまく鳴らすこと、さらにリズムに乗って鳴らすことは、子どもにとって簡単なことではありません。最初の子どもの喜びは、自分の行動によって、新しい出来事が起こるということでした。そこから、きれいな音、すっきりした音が出てくることを発見し、それを再現しようと試行錯誤します。音楽に合わせて、リズムに乗り切ることはむずかしいですが、「合う」という出来事が、印象的な楽しさとなります。

　まずは、こうした幼い子どもたちの楽しみ方を理解した環境の構成が望まれます。鳴らさせるのではなく、鳴った喜び、合った喜びを共に味わい、その喜びが、繰り返しや増幅へとつながっていくような活動が、小さな子どもたちにはふさわしいといえるでしょう。

　では、5歳児ではどんなふうに楽器を扱うことができるようになるのでしょうか。

 音を探す（5歳児、1月）

　生活発表会の劇の中で、楽器の演奏を選んだミハルとヒナが、資料室に楽器を見に行き、トーンチャイムを見つける。クラスに戻り、保育者と鳴らしてみる。まずは、キラキラ星で楽しむ。全部の音を確かめ、「シールを貼るとわかりやすいね」ということで、音別に色のテープを貼る。アヤトも仲間に入る。みんなで2本ずつもって、キラキラ星を演奏する。そこから、ソウスケ、メイが仲間に入る。

　音が聞き取りやすい資料室前のテラスに出て、みんなで交互に鳴らしていると、偶然、チャイムの音ができる。午前中に、チャイムの音をアカペラでやったりしていた。

　音を確認しながら、ヒナやメイが、その担当を指さし、チャイムの音を再現していく。合うと、はっと発見した顔を見せる。そして、チャイムの音ができる。笑顔が出て、忘れないうちにといわんばかりに、ヒナが「いっせいの～」とすばやくいって、「きーん、こーん、かーん、こーん」と繰り返す。もう一度、タイミングを合わせて、繰り返す。

　このチャイムの音は、劇で使うことになりました。音遊びから、偶然知っているフレーズに気づき、音探しをしながら再現する様子は、真剣そのものでした。5歳児にもなると、音をちゃんと鳴らすことはもとより、合図を送ること、自分たちでノリを合わせ、タイミングを合わせること、誰がどの音を担当しているのかもわかっており、分担して一つのことができるようになります。できるとうれしくて、すぐに担任保育者へ報告に行く姿が印象的でした。総じて、子どもと楽器は、音楽性、情緒性以前のそのものとの協応、適応に課題があって、そこに試行錯誤のおもしろさがあるということがいえるでしょう。

4. イメージと音

　事例で見たチャイムの音は、いわゆる小学校での授業の区切りを示す象徴的な音であり、聞くものにその状況を想起させます。このように、音はイメージに働きかけるものだといえます。片づけを一向にしようとしない子どもに、ジョーズのテーマ曲を「デーレン。……。デーレン」とうたってみます。今時、ジョーズの映画を知っている子どもはいませんが、音の雰囲気が「片づけをしないあなたはまずい」というメッセージを送り、ときには刺激を足して、こちょこちょしたりします。このような効果音とかバックミュージックというものは、生活発表会などの劇遊びで、よく意図的に使われます。海のシーンで、波の音を出したり、お化けの登場シーンで「チーンチーン」とトライアングルを使ったり、トロルの足音を床を鳴らして表現したり、いろいろな工夫ができます。

　音を感じること、音に気づくこと、音を探すことは、多くの音に囲まれて育っている子ども、現代の子どもにとっては、大切な経験です。このことについては、第6章で詳述していきましょう。

 **演習課題**

写真:篠木眞

 それぞれの写真に音や音楽をつけてみましょう。

2歳児（上）と5歳児（下）です。それぞれの写真から、子どもたちにどのような違いを感じますか。考えてみましょう。

第4章　身体表現

§1　表現する身体

1．身体を意識して使う

　この章では、ごっこ遊びなどで見られるフリや音楽に合わせておどることについて考えていきます。どちらも、意識して身体を使うという点で同じです。日常生活の中で私たちが食べたり、歩いたりするとき、格別その身体の動かし方を意識することはありません。自分にとって、合理的で自然な使い方をしています。これがもし、「お姫様になって食事をする」とか、「お姫様のように歩く」となったら、どのように手や口や足を動かすのか意識しはじめるでしょう。「おどる」ことも、たとえば、ステップを踏むことやアイドルのキメポーズといった、それ独特の、いつもとは異なる身体の使い方をしています。このことを尼ケ崎彬は、身体の脱秩序化と再秩序化であると述べています[1]。日常生活の、自然で秩序だった身体の使い方を脱し、ある状況性のもとで、おどるために、あるいは演技として、身体を再秩序化するのです。おどるために必要な身体の使い方や、何かに「なる」ための身体の使い方があります。意識した身体の動きを楽しむためには、まず、自由に動かせる身体が必要です。現代では、そこにむずかしさを抱える子どもが増えてきています。このことについては、あとに述べることにしましょう。

　表現する身体は、基本的に「見られる身体」です。それは、うれしさを伴って生き生きとする場合もあれば、緊張でこわばることもあります。遊びの場面では、心のままに表現できる身体が、行事となると、動かなくなってしまったりします。心がついていかないと身体が動かないのが子どもです。そこを支えるのが、保育者の環境の構成や援助です。

　まずは、ごっこ遊びの中での子どもの様子から見ていきましょう。

2. 見られる身体

　遊んでいるときの子どもは、とても気ままに何かのフリを楽しみます。発表するわけでもなく、何かができなければならないわけでもないですから、フリも踊りもできることしかやりません。フリに伴う身体の動きの脱秩序化と再秩序化は、子どもたちの「そのときのその気のまま」に、とても気楽に行われます。ここが、行事の発表などで、「見せる身体」になることと大きく異なる点です。

　この気ままさについて、ごっこ遊びの事例を見てみましょう。

 化け猫のおうちで（4歳児、2月）

　アヤナがお母さん、アオネが化け猫、リナが赤ちゃん猫になって遊んでいる。保育者（筆者）はそばで様子を見ているだけにしようと思っていたが、「来たからには遊んでもらいますよ」という雰囲気に負け、食事をいただくことになる。アオネが給仕をしてくれる。化け猫だが、本物の店員さんのように、ていねいな仕草でお盆をもち、目の前に食事を並べていく。
　「はい、どうぞ」
　「おいしそう～」
　「毒入りです」
　「ええ～！　う、苦し～」
という、やりとりを何度も繰り返す。
　最初は、カフェのように、ていねいな盛りつけだったが、だんだんと皿のごちそうが盛りだくさんになり、焼きそばが皿からはみ出してドカンと出てくるに至り、本人は「キャハハハ」と笑い出す。
　一方、赤ちゃん猫のリナは、その役になりきっており、その心持ちで、赤ちゃんのようだったが、突如「ニャーニャー」といいながら冷静な動きを見せ、机の上いっぱいになったごちそうを、さりげなく元の場所に片づけて、また、「ニャーニャー」と猫に戻ったり、「ニャーニャー」といいながら、黙って私に座布団を勧めてくれる。
　全体的に毒の効いたごっこ遊びだけに、化け猫は赤ちゃん猫に、とても辛くあたっていた。赤ちゃん猫は、まるでシンデレラのように、ピシッと叩かれたり、ごちそうをもらえなかったりする。しかし、実は本当の双子の姉妹なので、最後は、ニャーニャーとひっかき合ってケンカをしていた。
　お母さん役のアヤナは、ごちそうづくりに専念していたが、そのうち、保育者に食事を運んでくれるようになった。そのとき、「今、雪が降りゆうがね～」と状況を設定してから、「はい、かき氷」と出してきた。こうして、寒いお天気の中、氷のクッキーやかき氷を何杯もいただくことになった。
　このあと、彼女は、あいまいだった保育者の存在について、
　「先生、わたしらぁの友達ながね、だから、家に泊まりに来るが」
と設定を施し、保育者は、名実ともに参加者となった。

　このように、子どものごっこ遊びは虚実が豊かに入り混じって展開します。店員さん風になりきって給仕しつつ、（化け猫らしく）毒の効いた自分の振る舞いを笑うアオネ、赤ちゃん猫でありながら、気になったところについて冷静な行動を示すリナ、その点、もっともフリから遠かったのがお母さん役のアヤナですが、彼女はさまざまなシチュエーションをつくり出します。そこが、彼女がリーダー的な存在である所以でしょう。ごっこ遊びは、一人一人の子どもの個性がよく見える遊びです。

　彼らは、ごっこのフリをしたりしなかったり、虚実を行ったり来たりしながら、「そのときのその気分」で自由に動きます。見られることは、することの楽しさと密接にくっついており、「見られている」というほのかな意識が、心地よい刺激として働いています。

　ところが、行事として何かを発表するとなると、事情は異なってきます。多くの視線が自分に集まっていることをはっきりと感じます。園では、身体表現による行事というものが必ずあります。参観日や運動会でダンスをしたり、生活発表会で劇をしたりします。このとき子どもたちは、決められた時空間において「見られる身体」となります。遊びのときのように、ノリと雰囲気で時空間を選ぶことはできません。行事という舞台が、彼らにとってハレのものとなるか否かは、その一点に向かう日常の過ごし方が鍵を握っています。

　行事へと向かう過程でむずかしいのは、子どもの「見られたい」という気持ちをいかに盛り上げるかです。その気持ちは、取り組みの一つ一つが楽しさややりがいに彩られていることで、確かになっていきます。子どもの心と身体は未分化であり、心のままに身体は動きます。楽しいと運動量は上がり、やる気がないととたんに下がります。見られたいと思った身体は、エネルギーを帯びてはつらつとし、見られることに気持ちが追いつかないと、その身体は緊張によってこわばります。また、そうした自分を自覚してコントロールできないのが子どもです。つまり、保育においては、どれだけ彼らの意欲を支えるかが、とても重要な意味をもつのです。

　トマス・トゥリノは、演奏者と参与者が一体化していく参与型音楽は、参与者がそこにのっていく「能動的行為のために存在する」のに対し、観客を前に演奏する上演型音楽は、上演者が「受動的な聴衆のために準備する」ものであり、そこには「音楽の良し悪しの価値判断や『良い演奏』を追及するなどの特徴が派生する」[2] と述べています。基本的に、子どもたちは、行事において上演者となり、観客を前に「見られる身体」となります。観客である保護者は、すてきな姿が見たいと願って視線を注ぎます。その保護者の期待する視線に応えるために、保育者は、「子どもたちのよい姿」を目指して、練習をさせるということが少なくありません。子どもが舞台で輝くためには、日常で培われた「自分がすてきである」という思いと、「舞台に立つ姿はすてきである」という憧れと期待が必要ですが、果たして保育者はそれを日々の保育の中で育てられているでしょうか。練習の時間は、

練習の時間として他と切り離し、「すべき」という姿勢において、子どものモチベーションを置き去りにしてはいないでしょうか。

　日常の遊びが集約される形で、多くのお客さんを前に、見せたい自分を発揮することができれば、それは、大きな充実感と達成感を伴った学びの節目となります。第9章で詳しく述べますが、カリキュラムの編成や環境の構成は、子どもの意欲をどう支えられるかという点から、形づくっていく必要があります。

　子どもの身体表現においては、自由に動かせる身体と、動かしたくなる心が重要な意味をもちます。子どもたちにとって「見られる」ことは、喜びにもなり、苦痛にもなり得ます。そこで問われるのは、保育の在り方であることを、ここで押さえておきましょう。

§2　思い通りに動く身体

　幼児期は、スキャモンの発達曲線[※]で示されているように、脳神経系が急激に発達します。それはつまり、脳の指令によって身体の動かし方を学ぶ時期なのだといえます。事実、子どもは7歳までに基本動作のほとんどを学習します。

　しかしそれは、身体を動かす環境があっての話です。筆者は、毎年60人近くの子どもを園に迎え入れ、幼児期の4年間の成長をつぶさに見ているのですが、まず、普通に歩けない子どもが目立ちます。足首、ひざが赤ちゃんのようなフォルムをしており、引きずるようにして歩いたり、ガニ股でよちよちと歩きます。ジャンプはもちろんできません。こうした姿は、実は一昔前であり、事態はもっと深刻さを帯びてきています。

　いわゆる感覚がうまく統合されていない子どもが急増しています。感覚統合とは、「使うために感覚を組織化すること」[3]です。「ドアを開ける」という出来事を考えてみましょう。私たちは、まず視覚情報からドアを認識します。そして、利き手を伸ばし、ドアノブを回して、押したり引いたりしてドアを開けます。手の動きには、目的を達成するための手順があります。そして、どれだけの距離、手を動かすのか、どれだけの量、手首を回すのか、どれだけの力で、どれだけの幅にドアを開けるのか。手はその動作を完遂するまで、重力に耐えているのか。スムーズにドアを開けるという日々当たり前の動作の裏には、こうした感覚の統合が必要とされます。感覚を知覚に変化させて感覚に意味を与え、必要な手順にしたがって交通整理し、特定の感覚に注意を集中させる力が、「何かをすること」には必要なのです。

※）子どもが成長していく過程で身体の各機能は個別に発達をしていく。スキャモンの発達曲線とは、その身体の各機能を神経型（脳、脊髄、視覚器、頭径など身体を動かす機能）、リンパ型（免疫力を向上させるリンパ節等の組織など）、一般型（身長・体重や肝臓、腎臓などの胸腹部臓器）、生殖器型（男児の陰茎・睾丸、女児の卵巣・子宮など）の4つのパターンに分類し、各組織の発達していく特徴をグラフ化したものである。

　木村順は、今、子どもたちの触覚、平衡感覚、固有覚の未発達に警鐘を鳴らしています。これらの感覚に問題が生じると、姿勢が保てない、集中できない、力加減を調節できない、特定のものしか触ることができないなど、多くの困難がもたらされます[4]。

　感覚統合は、乳児のときからはじまる適応反応によって培われます。適応反応とは、「感覚経験に対する目的志向反応」[5]であり、「人が自分の体と環境を創造的かつ有効にとり扱っているときの反応」[6]です。赤ちゃんがハイハイをしてガラガラを手にすること、事例「鳴る喜び」（本書 pp.74-75 参照）で見たように、2歳児が楽器を手に取り、うまく鳴らそうと手を動かすことなど、初めての環境にとめどなく出合う子どもたちの生活は、およそすべてが適応反応だということができます。

　アメリカの作業療法士のエアーズ（A.Jean Ayres）は、「遊びは、感覚統合を生み出す適応反応から成り立っている。遊びを組織化することを学んだ子どもは、おそらく学校の勉強を組織化し、調和のとれた大人になるであろう」[7]と述べています。遊びは、自分の興味・関心にしたがって、能動的に外界の環境とかかわることです。したがって、頭と心と身体がもっとも矛盾していない状態で、合理的に、スムーズに働きます。ちょっとした困難は、乗り越えるべき刺激となって、子どものモチベーションを高めていきます。そこでの試行錯誤は、子どもにとって喜びであり、乳幼児期の遊びは、子どもが生きていくための重要な学習の機会だといえます。

　テレビやゲーム、そしてスマートフォンの動画にくぎづけの子どもたちの経験は、視覚情報に偏っており、身体はほとんど動かさず、能動性はおよそ皆無です。子どもたちが生きるために必要な経験が、これらによっていかに奪われているかわかるでしょう。

§3　おどる身体

1. 子どもと見せる踊りの習得

　遊びの中でおどる場面といえば、女の子のごっこ遊びがもっとも多いでしょう。アイススケートがはやる時期には、それを真似ておどったり、アイドルグループやアニメに出てくるダンスもよく楽しみます。また、遊びの環境の中で、決まった場所に CD を設置すると、いろいろな音楽をかけてダンスを楽しむ姿があります。

　一般的に祭りや儀式などで、およそ没我の状態に向かう踊りの場合は、見られる身体を意識しません。反復されるリズムに乗って身体を同調させることに意識が集中し、次第に受動的感覚と能動的運動の区別がつかなくなっていきます[8]。

　一方で、現代の子どもを取り巻く踊りの情報は、見せるためにつくられた作品が主体で

す。子どもが憧れるアイドルやアニメの主役たち、そして保育教材にある体操や踊りは、見せるための身体の動きが主で、子どもたちはそれに憧れをもって真似ようとします。また、保育者は、年に何回かは、保護者の前で発表することを目的として、見せるための踊りを保育に取り入れます。

　尼ケ崎の論を借りれば、見せるための踊りは、見る側が理解できる形式ないし、様式を必要とします。つまり、外側の秩序を実現するために（見せる身体を実現するために）、内面の身体をコントロール（筋肉や態勢の平衡をコントロール）しなければなりません。おどる身体の外面的秩序化には、2つの側面があります。一つは身体の時間的分節で、音楽に合わせて踊りを進めていくことです。もう一つは体勢の型で、身体は、音楽の時間的分節に合わせて型を具現化するための動きを進めていきます[9]。

　つまり、見せる踊りというのは、音楽に合わせて、さまざまな体勢の型（振りつけ）を実現していくものだということができます。音楽を聞きながら、それぞれに決まった身体の動きを連続させていくことは、子どもにとっては結構むずかしいことです。

　子どもが踊りを習得する過程は、およそ以下のようにまとめることができます。これは、歌の習得過程とも類似しています。

① 曲に合わせておどる保育者（モデル）を見ながら遅れ気味についてくる。
② 気に入った個所の振りつけとフレーズを覚え、待ち構えていたかのように合わせておどる。
③ その場所がだんだん増え、型とそのときのフレーズをセットで覚える。
④ 曲の展開を覚え、それに合わせて振りつけを変化させていく。
⑤ グループでおどる場合は、体系（相手との距離や自分の位置）も視野に入れておどることができる（主に4歳児、5歳児）。

Shinoki

　2歳児では、まだまだリズムを均等に刻むこと自体がむずかしいようです。身体を揺らしたり、歩いたりしながら、音楽と身体が「合った感じ」を楽しみます。3歳児でも、身体の動きはたどたどしいですが、動かし方がわかり、おどるということがどんなことかわかり、好きなところは生き生きとおどります。4歳児では、随分とスムーズに身体がリズムに乗っていき、曲の展開を覚え、それに合わせてフリを進めていくことができます。5歳児では、早いテンポの曲にもついていけるようになり、手の上げ伸ばしやステップの踏み方などについて、見せるための工夫が生まれてきます。

　いずれにしても、ある曲を十全におどれるようになるためには、曲を覚えること、その振りつけを覚えること、その連続性を覚えることが必要とされますので、子どもにとってそう簡単なことではありません。まずは、音楽に乗ることを楽しむことから出発し、簡単なものを繰り返し楽しむ環境がのぞましいでしょう。

2．子どもの楽しさと学びを導くもの

　子どものおどりたいという強い動機を生むのは、憧れです。アイドルや身近な人が見せる踊りは、子どもの心を強く引きつけます。しかし、その内容が発達に即していなければ、十全な習得はむずかしくなります。「つもり」が楽しくないわけではありませんが、スムーズに最初から最後までおどれると、気持ちよさや達成感が違います。その意味で、環境の構成として以下の配慮が必要です。

（1）音楽の特徴

　体勢の型が連続していく「見せる踊り」は、音楽のリズムと展開に合わせて身体を動かしていくことが必要です。そのためには、まず、その音楽のリズムに乗ることとフレーズの変化を聞き取る能力が必要とされます。それはつまり、子どもに合った曲があるということを意味します。それは、ビートが取りやすいもの、そして、単純な繰り返しで構成されている曲です。トゥリノがいうように、その場にいる人の参与を促す「反復性と形式的な予測可能性」が子どもの踊りの楽しさを導くのです[10]。トゥリノは、チクセントミハイのフロー理論[11][※]を背景において、次のように述べています[12]。

　　課題の難易度が低すぎれば活動は退屈になって気持ちもどこかへ行ってしまうし、反対に高すぎれば活動はフラストレーションのたまるものとなり、当事者は夢中になることができない。適切なバランスこそが、集中力や「グルーヴする」感覚、すなわち活動との一体感や他者との一体感を強めるのだ。

[※）フローとは、全人的に行為に没入しているときに人が感ずる包括的感覚。

　子どもは楽しいと、何度も何度もそれを繰り返そうとします。その結果として、「かれらのスキルは上昇し、さらに難易度の高い活動にもチャレンジできるように」[13]なります。

　したがって、子どもが踊りを楽しむためには、参与しやすい音楽が必要であり、それは、ビートの取りやすいもの、構成として、「これだな、次はこれだね」とわかる「反復性と形式的な予測可能性」をもつものということができるでしょう。

（2）振りつけ

　子どもの能力と課題のバランスの問題は、ここでも同じです。むずかしい振りつけは覚えられませんし、変化が激しいとついていけません。逆に、ずっと同じ振りつけが続くと退屈するでしょう。子どもが憧れているアイドルの振りつけは、大人のそれであり、彼らにとってむずかしいものです。だからこそ、多くの人の目を引きつけてもいるのですが、憧れのままに真似できないのが現実です。ごっこ遊びでアイドルになった子どもたちが、手づくりの飾りを身につけ、たくさんのお客さんを呼んで、生き生きと曲を流すのですが、いざはじまるとおどれないということがよくあります。何とか、ノッている雰囲気で身体を動かして帳尻を合わせようとしますが、その努力に対して曲が長すぎたりします。

　子どもにとって、覚えられる振りつけで音楽に乗って「何度もできる」ということが、楽しさを支えるとても重要な要素です。トゥリノがいうように、そのフロー経験の繰り返しによって、挑戦意欲が高まり、もっと高いスキルが学習されていくならば、目の前の子どもの実態に応じて、曲を短くしたり、覚えやすい動きに変えるなどの工夫が求められます。つまり、踊りを楽しむ環境をつくるためには、教材研究が大きな意味をもつといえるでしょう。

コラム　　**耳で身体の動きを理解する** ────────────────

　アツキは、3歳児のころから、みんなと一緒におどることがありませんでした。いつも、輪の外にいるか、運動会などの本番では、頭をかしげて、うつむいているかです。恥ずかしかったり、まだ所属意識が薄くて気持ちが乗らないと、子どもはそんなふうです。だから、彼を

ゆっくり見守っていく中で、少しずつ、好きになっていってくれるといいなと思っていました。

　しかし、実際は違ったのです。彼は、見て学ぶことが苦手で、言葉による習得を得意としていました。それを、4歳児クラスの年末ごろに、母親から話を聞き、知ることになりました。家では、母親が具体的に身体の動きを言葉で表現して、園での活動を彼と一緒に練習しており、彼は、家で一生懸命努力していたのです。こうした活動が嫌いだったのではなく、わからなかったのです。だから、みんなについていけませんでした。もっと早く、そのことをわかっていればどんなによかったでしょうか。筆者は、母親にも、アツキにも、心の底から申し訳ないことをしたと思いました。

　ほとんどの子どもは、踊りや体操を見て学びます。しかし、中には、そのような習得の仕方ではなく、言葉による説明でわかる子どももいるのです。それ以来、個別に言葉で動きを伝える援助を取り入れていき、彼の表情にやる気や喜びが見えるようになりました。

　子どものやる気が見えない裏側にあるつまずきを、きちんと理解することの大切さを学んだ出来事でした。

§4　フリする身体

1.　ごっこ遊びの中で

　最初に述べたように、ごっこ遊びでの子どもたちの現実社会の模倣は、その気分のままに行われます。ヒーローになった男の子たちが、シャキーンとポーズをとってジャンプしたり、お母さんになった子どもが、トントンとお人形の赤ちゃんを寝かせたり、レストランの店員になって、「いらっしゃいませ」とメニューを差し出したり、子どもはいろいろなフリを楽しみます。この子どものフリ（演技）について、心理学者で社会言語学者であるガーヴェイは、子どものごっこ遊びをつぶさに観察し、次のように述べています[14]。

　　演技における実際の行動は、世界についての子どもなりの理解を通して濾過されています。いくつかの演技は、ふりをされたものの正体や動作を示すのに一般的に使われているような、まったく習慣的な象徴からなりたっています。そしてそれは子どものコミュニケーションの観点からみるとそれなりにおもしろいものです。しかし、演技の大半は、子どもが、社会の性質とその一員としての自分について知るにつれて獲得したり、体制化したりした知識を、表現しています。

　2歳児のお医者さんごっこの事例を見てみましょう。

お医者さんごっこ（2歳児、5月）

> アオイが、おもちゃの聴診器を首にかけて、保育者を「もしもし」する。背中にもまわって、「もしもし」をし、「おねつありません」という。それを見て、ナナもしたいといい出す。アオイは、ナナに聴診器を貸し、自分でTシャツをたくしあげて、お腹を全開にする。ナナが、アオイのお腹を「もしもし」すると、アオイは、次に自分の背中をあける。ナナが、「もしもし」して、「おねつないです」という。

　このあと、2人は交代して同じやりとりを何度も楽しみました。お医者さんは、お腹と背中をもしもしする人、というおよそ命題的理解に基づいて、彼女たちはその場面を再現します。「聴診器」があることによって、そのやりとりが単純に立ち上がり、繰り返されます。

　3歳児になると、保育者のつくった環境を拠り所にして、さまざまなフリが生まれます。ままごとコーナーに置いてある人形の世話をしたり、食べ物を使って料理をしたり、消防士になって火を消したりします。ごっこ遊びの楽しさのトップは、フリのやりとりにあります。3歳児では、そのやりとりを単純に楽しめるような環境の構成が大切です。たとえば、4歳児になれば、ままごとのごちそうを手づくりできるようになりますが、3歳児では、「どうぞ」「いただきます」のやりとりが単純に楽しめるように、すでに遊具として用意してあるほうがよかったりします。

　3歳児の動きというのは、まるで花を見つけたミツバチのようです。おもしろそう！と思ったとたんにそこに集まります。言語がまだ未成熟で、過去と未来がきちんとつながっていない彼らは、まさしく「今」を生きていて、それまでのことを驚くほどあっさりと捨て去ることができます。その意味では、目で見える環境の導きが大きいといえます。

　4歳児になると、状況設定や筋というものがはっきりとしはじめます。「私お母さんね」とか、「ここがお風呂ね」と約束事をその都度取り交わしながら、それの典型的なイメージを拠り所として、フリを楽しみます。また、積み木や囲いやカーペットを駆使して、自分たちの場所をつくり、ごちそうや携帯電話を手づくりするなど、遊び方が総合的になってきます。たとえば、レストランごっこでは、テーブルと椅子や看板を用意して、ごちそうや飲み物を手づくりし、「いらっしゃいませ」とお客さんを迎えます。先の化け猫の事例では、食事をするところや、化け猫の住み処、料理する場所などが、絶妙に配置されていました。

　4歳児のごっこ遊びの特徴は、大枠のイメージの中で、テーマが頻繁に移ろっていくことです。まだまだ彼らは気ままです。ごっこ遊びの安定を導くのは、その場所にいて、じっくりとものとかかわっている個の存在で、そんな子どものイメージを支えていくと、

遊びは安定感をもって進みます。

　5歳児になると、自分たちのすることに見通しをもち、ある程度の予定をもつようになります。それによって、個々の思いの違いも顕在化するので、議論が活発になります。4歳児では、それぞれが勝手に動いたあとでいざこざだらけ、もしくは何が何やらわからなくなって霧散ということが多いのですが、5歳児では、自分の「つもり」を話し合うことができるようになります。そうして、いざこざを乗り越えて、何かをやり遂げることができるようになり、その分、一緒にやったこと、協力したことが意識化された喜びにつながります。何となく毎日一緒にいて心地よいという身体感覚から、意識化された喜びへと発展していくのです。

　幼児教育の観点からいえば、ごっこ遊びを通して、子どもたちは人間文化を学んでいます。レストランや病院を表すものが何かわかり、それをつくること、そのイメージにあった場所づくりを工夫すること、そして、そのフリを楽しむこと、これらを通して、出来事が何で成り立っているのか、そこで生み出される振る舞いとはどのようなものなのかを学んでいるのです。

　そうした日々の営みを、あるまとまりとして経験するのが行事です。以下では、行事としての劇について、考えていきましょう。

2.　劇に取り組む子ども

　行事等で劇を発表する場合、ごっこ遊びのように気ままにフリを楽しむことはできなくなります。発表時間はある程度定められており、内容も見せるためのものとして構成することが必要になります。子どもたちにとっても、起承転結のある物語を実際に自分たちでやってみること、それぞれがある役割を担って、共に一つの世界をつくり上げていくこと、イメージを共有し合いながら、その世界に必要なものを手づくりする経験は、学びとして大切です。

　何かのフリを楽しみ、場所づくりやモノづくりを楽しむことは、実は子どもたちがごっこ遊びで日ごろやっていることですが、それを舞台に通じるものとするところに、保育者の力量が問われます。タイムリミットに向かって、日々の保育をどう取り組んでいくのか、子どもの実態に応じて、環境をどのように構成していくのかが、とても大きな意味をもちます。特に、保育後の保育者の取り組みについての分析や考察が重要です。このことにつ

いては、第8章で詳しく述べていくことにし、ここでは、劇の題材としてどのようなものがあるのか、3つほど考えてみましょう。

（1）既存のお話をモチーフにする

長い年月を語り継がれてきたお話や、子どもが繰り返し楽しむお話は、そのものが大きな力をもっています。日常の遊びの中でも、話の核となっているやりとりを楽しむ姿が見られます。たとえば、「トントントン」「あなたはだあれ」「お母さんだよ、開けておくれ」といった「オオカミと7匹のこやぎ」のやりとりや、橋を渡っていたら、トロルが出てくる「3匹のやぎのがらがらどん」のやりとり、そして、「3匹のこぶた」や「てぶくろ」など、簡単な繰り返しのやりとりをアドリブで楽しみます。これらは、本書第3章（本書p.62参照）で取り上げた西村清和のいう単純な遊びの構造をしており、かくれんぼや鬼ごっこのノリで楽しむことができます。特に、3歳児には取り組みやすい内容でしょう。

遊びの中では、おもしろいところだけを取り出して、気分のままに繰り返し楽しみますが、劇として取り組む場合はそういうわけにはいきません。お話の流れを理解し、さまざまな視点から、創意工夫を凝らし、どれだけその話に心を寄せられたかが鍵をにぎります。

劇をつくり上げていくモチベーションが役のフリのみでは限界があり、大道具や小道具づくりといった、その世界を自分たちでつくり上げていくことも、大きな意味をもちます。子どもたちが楽しんでいるイメージやエッセンスを取り入れることも大切です。いずれにしろ、劇へのモチベーションが高い場合は、場面に応じたセリフが子どもたちから自然と出てきて、役そのものを楽しそうに演じる姿があります。

しかし、保育者があらかじめ用意した台本通りに、その台本の展開にしたがったフリを求めていく場合は、子どもの顔は無表情で、セリフは押し並べて棒読みです。

語り継がれ、世界へと広がってきたお話は、すぐれた力をもっています。その話にある代表的な繰り返しのやりとりを日常で楽しんでいくことや、話の展開に沿いながら、日常の中で子どもたちがつくってきた楽しさのエッセンスを適宜取り入れていくことが、モチベーションの高い劇をつくっていくことになるでしょう。

（2）教材化されたオペレッタなど

CD化された「はらぺこあおむし」や「おおきなかぶ」など、決まったダンスと単純な動きの繰り返しの教材の場合、その園がどこまで求めるかというところにはなってきますが、3歳児であれば、話のイメージをもちながら楽しんで発表することができるでしょう。ただし、決まった動きをするだけなので、日ごろの子どもの興味・関心を引き出して形にするという機会をつくることができません。

　もっと長いオペレッタになるとどうでしょうか。これの問題点は、タイミングがすべて外側にあるという点です。子ども同士の気分やノリを、あらかじめ設定されているタイミングに合わせるというのは、至難のわざです。むしろ、子どもの側に、間違えないための心と身体を要求することになるでしょう。

　子どもが、本番で「見られる身体」になることを喜びとして迎えるためには、すてきな自分、見せたい自分をどう培ってきたかという過程と、そのときのパワーが生む勢いやライブ感覚が必要です。そうしたものを内包できる劇のつくりが、保育者の環境の構成として求められています。

（3）創作劇

　日ごろ、子どもたちがごっこ遊びで楽しんでいることを、創作劇にする場合もあります。たとえば、「手押し相撲」をクラスで楽しんでいて、その他「ヒーロー」「ダンス」「お姫様」などのイメージでごっこ遊びが楽しまれていたとしましょう。実際にあったことですが、そこに、季節柄「豆まき」があって、鬼も登場することになり、こんなお話ができ上がります。

　　ある村で、お姫様主催の「手押し相撲大会」が開かれる。疲れたお相撲さんを元気づけるチアダンスがおどられ、お姫様がそれを楽しんでいると、鬼がやってきて、お姫様をさらっていってしまう。そこでお姫様は「ヒーロー！」と助けを呼ぶ。ヒーローが登場して、鬼と戦い、お姫様を助ける。

　探検隊が出たり、科学者が出たり、そのときの子どもたちが楽しんでいるイメージを生かして、劇をつくっていくと、子どもたちの意欲は非常に高くなります。しかし、創作劇は、子どもたちが楽しんでいるいろいろなイメージをつなげていくため、こじつけが必要な場合もあります。上述の例でも、文化、時代がごちゃごちゃです。

　その意味では、お話の力を借りることも大きいといえます。子どもたちが劇を包む世界観を共有しやすいからです。たとえば、『地獄のそうべえ』（作・絵：田島征彦、童心社、1978）のお話を借りて、地獄の内容を日ごろの楽しんでいるものにするというのも一案です。ピアニカを楽しんでいる子どもたちがいたら、「ずっと、音楽を聞き続ける地獄」や、サッカーを楽しんでいる子たちがいたら、「シュートをずっと避け続ける地獄」、ビー玉転がしゲームを楽しんでいたら、「ずっと、玉を転がし続ける地獄」なども考えられます。

　どの場合においても、子どもが日ごろ楽しんでいるイメージを取り入れて、そのやりとりを自分たちの呼吸で楽しめること、そして、大道具や小道具の工夫を楽しんでできること、すなわち総合的に劇に取り組んでいくことが、確かな学びを導くものだといえます。

演習課題

写真：篠木　眞

 それぞれの写真の子どもたちは、どのようなテーマや設定の中で、遊んでいると思いますか。考えてみましょう。

この写真の子どもたちの踊りに合うリズムを考えて、実際に叩いてみましょう。
また、子どもたちのこの踊りの習熟度はどのくらいか考えてみましょう。

第5章　描画・造形　表現

§1　子どもの描画・造形表現

　描画や造形が、音楽や身体表現と異なるのは、自分の行為の結果が目に見えて残っていくということです。1歳や2歳の初めてペンをもった子どもは、自分の行為によって立ち上がる線におもしろさを感じ、その行為と結果を感覚的に楽しみます。それから、子どもの表現はどんどんと意図性を帯びるようになり、3歳から4歳には、イメージの具現化を目的としはじめます。そうした時期には、うまくできた、できないという評価も自分でしはじめるので、苦手意識が芽生えることもあります。まずは、描いたりつくったり自由にできる環境を整え、一人一人の状態に応じたきめ細かな指導が望まれます。

　描画や造形は、言葉の発達と連動していますが、同時に言葉では表現しきれない感覚や感情を表せる領域です。アニミズムが融合した表現や、抽象的なものの表現も、大切にしていきたい分野です。まず、子どもの発達的な特徴から見ていきましょう。

§2　子どもの発達と描画・造形表現

1.　発達の流れ

　子どもの描画や造形は、発達の時期に応じてそれぞれ特徴をもっており、それは緩やかに変化していきます。描画では、その特徴について、描画期（なぐり描きの時期）→象徴期（描いたものを意味づける時期）→前図式期→図式期、と呼んで区別しています。

　描画期は、感覚の時代です。手と道具と紙の間で現れてくる線を楽しみます。ぐるぐると勢いよく円を描いたり、ただ、線を引いたり、ギザギザと動かしたり、跳ねたり、さまざまな動きとともに現れる線を楽しみます。造形でいえば、たとえば粘土の場合、積む、

挿す、穴をあける、伸ばすなどの動きを楽しみます。製作などでは、道具と手から生まれる結果が楽しく、テープやはさみ、のりなどで試行錯誤を楽しみますし、廃材製作では、ひたすらつなげる、くっつけるという動きを楽しみます。

　象徴期は、感覚的な動きを楽しむ中で、できた線や形から見立てを行います。お母さんだったり、バナナだったり、電車だったり、思いついたものをイメージとして与えます。前図式期になると、描こう、つくろうとすることに意図性が見られるようになります。図式とは、単純な形や線を組み合わせたり並べたりして、ある対象や状況を図式的に表したものです。たとえば、おうちなら三角と四角でできますし、カブトムシなら、2つの丸に棒線の向きを変えれば、角や足が表現できます。子どもは、「経験から自分なりにこの形態概念（図式）を編み出し、それを繰り返し描く中で固定化し、図像として記憶の中に止め」[1]、それをさまざまにアレンジして、描画を楽しみます。また、形態の配置や画面の構図も考えるようになり、紙という限られた空間を視野に入れて描くようになります。

　2歳後半から3歳の前図式期では、思いついたものが紙面上にランダムに表現されますが、5歳以降の図式期になると、描いたもの同士の関連性によって、紙面が構成されはじめます。夜、お泊り保育で友達と花火を見ている絵であれば、上部の隅に月があり、中央に友達と自分が並んでおり、前方に花火を配置して、それを見ている図が描かれます。

　運動面の発達から見てみると、肩が使える時期、手首が使える時期、指先が使える時期で、自ずとやれることは異なります。描画でいえば、ランダムな点から線、円が、閉じた円へと変わっていきます。粘土をこねる手も、押したり、つぶしたり、積んだりする動きから、蛇や団子やクッキーをつくり出す手に変わっていきます。テープやはさみ、クレヨンが使えるようになると、画用紙や廃材を使った製作もできるようになります（次ページ写真参照）。

　知能面では、表象の発達とともに、三次元の頭の形を、紙面上で二次元の円に抽象化

おとまりほいくで ののはちゃんと あがりちゃんと いっしょに
はなびをみているところ。 きれいだった。

できるようになります。これが、イメージの図式化です。ちなみに、3歳前後で表れる「頭足人」は、彼らの中にまだ体幹の意識がないことを表しており、鉄棒の前回りを怖がることとつながっています。発達が進むにつれて、子どもたちは、現実世界からさまざまな形を見出し、それを組み合わせてさまざまなモノやコトを表現しはじめます。円から線を2本出して頭足人を描き、三角や四角を組み合わせて家をつくります。また、描いたものやつくったものに、雨、怪獣、といったようにイメージを与え、意味づけを行うようになります。対象を見て取る能力が上がっていくとともに、より詳細な表現が可能になり、家には、窓やカーテンがあり、女の子の髪にはリボンが飾られ、服には、憧れのドレスが描かれます。

　また、言語の発達に沿って、イメージして描いたものに関連性ができはじめ、そこでは絶え間ない物語が生まれていきます。丸や線を描きながら、「これはヘビが出てきて、お昼寝してる。それでお散歩して、ここの橋、渡るの。それから、これは、ただの石」などと話したり、「怪獣がきて、戦って……」と、話しているうちに、かわいらしい色の絵が、どんどんとどす黒くなっていっても、本人のとても楽しそうな様子を見たことがあります。子どもの絵の原点を見た気がしました。

　発達の流れとは、一言でいえば、心身の発達に伴う意図性の高まりということができるでしょう。この意図性の高まりが、自身のできばえの評価を生みます。比較の目も育ってくるので、余計に結果を気にする姿もあります。感覚が先走ったり、形を見出すのがむずかしかったり、仕上げる手順がわからないと子どもはむずかしさを感じます。このことについては、のちに、事例で見ていきましょう。

　次に、感覚的な楽しさとイメージを表す楽しさについて、見ていきましょう。

2.　感覚的な楽しさ

（1）最初の喜び

　表現のどの分野においても、最初にあるのは感覚的な楽しさ、おもしろさ、心地よさです。これらは、表現へと向かう動力源であるため、もっとも大切にされるべきものです。

　生後間もなくして、赤ちゃんは身の回りの物事に関心を示しはじめ、探索行動をはじめます。見たり、触ったり、聞いたり、嗅いだり、口に入れたりしてそのものを感じ、感覚を通して世界を広げていくのです。クレヨンや紙といった画材は、その延長線上にあります。私たちにとって、おおよそ紙は書く（描く）ものですが、赤ちゃんにとっては、コラム（本書 p.99 参照）にある通り、破くものであったり、音を楽しむものであったりします。まずは、そのものとの対話からはじまるのです。

　初めて、クレヨン、あるいはペンをもって紙に向かったとき、小さな子どもは何を感じるのでしょうか。きっと一番は不思議さでしょう。片岡杏子は、1歳児の描画の様子をていねいに観察する中で、次のように述べています[2]。

　　　こういうときに子どもが感じている「描く面白さ」とは、たとえばクレヨンを通じて紙
　　面の抵抗を感じる手応えや、その手応えによって目の前の景色が変わっていくということ
　　の素朴な実感ではないでしょうか。

　やがて、身体の動きがもっと柔軟になり、描きやすい姿勢が保てるようになると、「紙にねらいを定めて描く」という目的がより明確になって、その目的がさらなる身体の動きを方向づけると片岡は述べています[3]。

　小さな子どもたちにとっては、目の前に立ち上がる一つ一つの出来事が、小さな驚きの連続であり、自分が操作することによって、世界が変わっていく喜びをもたらします。

　2歳児でよく見られる事例を見てみましょう。

 素材とかかわる

小麦粉粘土（2歳児、5月）
　やわらかな小麦粉粘土が、手にべっとりとついた様子をじっと眺める。手で、ペタペタと合わせる。ほどよいプニプニの小麦粉粘土の固まりを帰りの時間まで、ずっと離さないでもつ。

はさみ（2歳児、6月）
　保育者がつくっておいた直径1センチメートルほどのチラシの棒をはさみで切る。切った先がポー

ンと飛ぶのを繰り返し楽しむ。

テープ①（2歳児、7月）
　テープカッター台から、テープを切る。適量の長さに引っ張ることができず、ものすごい長さまで引っ張って楽しむ。

テープ②（2歳児、7月）
　テープを紙の至るところに貼る。1か所に、モリモリに重ねて貼る。

　このように、2歳児は素材そのものとかかわることを楽しめる時期です。この時期には、できるだけ、彼らのやりたいように、自由にそのものと格闘できる環境が望まれます。その過程で、少しずつ、「もったいない」ことを伝え、何のための道具や素材かを伝えていきます。そのものに習熟するためには、多少、違うことやいけないことが起こっても、試行錯誤することを大切にして、ゆっくりと知らせていくことが望まれます。
　次に象徴期と前図式期のちょうど間にある描画の様子を見てみましょう。

 なぞなぞでお絵描き（3歳児、10月）

　製作コーナーで、ユイコが絵を描いている。「これが、窓で、これがドアね」、保育者（筆者）「うん」。ユイコは、次にこの2つの形を適当につなぐ。そして、「これは、何でしょうか？」と保育者に聞く。保育者「壁」、ユイコ「ぶっぶー」。保育者「何？」、「わからん」といい、「何やと思う？」と聞いてくる。保育者「壁じゃない？」ともう一度いうと、今度は、「うん。壁」といって採用する。
　その壁に、「これ葉っぱ」といい、つけ足し、次に先に描いてあった楕円に三角を足して、「これ何だと思う？」という。保育者が、「うーん。ヨット」というと、「それはいい」と笑顔で採用する。
　それから、四角をくっつけ、「何でしょうか？」と聞く。保育者が適当に思いついたものをいうと、「家にはない」とまじめな顔で却下する。そこで保育者が、「玄関」というと、笑顔で採用する。
　次にひし形のような形を描き、「これは、何でしょうか？」と聞く。保育者が「うーん。ひな祭りのお菓子」というと、笑顔で採用する。保育者は、採用されると思っていなかったので、思わず「いいんですか!?」という。ユイコは、笑ってうなずく。
　それから、尖った形をつけ足して、また聞くので、「たけのこ」「角」と答えるもすべて不採用となる。こうして、保育者とのやりとりが続く。採用が決まると、ていねいに色を塗る。
　でき上がると、担任保育者に見せに行き、それから母親に見せるために、バッグにしまった。

　この事例からわかることは、イメージを具現化することよりも、形をつけ足していくことが先行している点です。感覚的な動きのあとに、イメージが湧いてきます。また、保育者にその形をイメージするなぞなぞをかけ、絵を描くことが保育者との遊びのやりとりに

もなっています。

　「おうち」のイメージをもっているのですが、真横にヨットがあったり、その上にひな祭りのお菓子があっても、彼女の中では問題ありません。出来事は、思いつきで前へ前へと進んでいきます。先は未定であり、自由なのです。この一つ一つの行為を楽しんでいく様子は、まさしく西村のいう、遊びの形だといえます（本書p.62参照）。

　ときとして保育では、作品を描いたりつくったりする機会をもちますが、何よりも大切なのは、遊びとして、楽しく描き、つくる経験をたくさんすることでしょう。自由に自分の心を表す中で、技能は無理なく習熟していきます。そしてそこには、必ずその子どもだけの工夫が見えます。子どもの描きたい気持ちとつくりたい気持ち、すなわち意欲と、実質的に作成にかけるエネルギーと時間が、「その子」としてバランスがとれているのが遊びです。はじまりと終わりを自分で決めることができる遊びは、「表す」ことの純粋な喜びを子どもにもたらします。

コラム　赤ちゃんと紙

　ウェブ上におもしろい動画が上がっていました。お父さんが紙を破ると、8か月の赤ちゃんが爆笑するという動画です。赤ちゃんは、Ａ４の紙を手にもっています。大きくて扱いづらそうです。それをお父さんが手に取り、ビリッと破きます。それが、おもしろかったらしく、赤ちゃんはケタケタと笑います。ビリッ、ケタケタ、ビリッ、ケタケタと笑っているうちに、紙が小さくなっていきます。また、同じ紙をお父さんが取り出し、破くと赤ちゃんが笑います。

　そして、赤ちゃんは、自分のそばに落ちていく切れ端に注目しはじめます。目線は、紙に向かい、お父さんの破くビリッという音に、耳で反応して、ケタケタと笑います。そして、小さな紙の切れ端を両手でもち、お父さんが破くまでの間は、その紙を注視しています。お父さんは、刺激を強くして、2回ビリッビリッと破き、それに合わせてまた笑います。その繰り返しの中、目線はずっと紙に向かっており、手で動かしてみたりします。お父さんがやめたあと、手にした紙をじっと見ている赤ちゃんの様子で動画が終わります。

　お父さんが赤ちゃんの呼吸に合わせることで生まれる音の状況性を、感覚的におもしろがって笑う姿と、湧き出てくるそのものへの好奇心がよく見える事例です。赤ちゃんは、こうして世界に出合っているのでしょう。

（2）図式期の子どもの底辺に流れる感覚的な楽しさ

　図式期とは、丸、三角、四角といった基本図形を組み合わせて自分のイメージしたものを表しはじめるおよそ5歳から6歳以降をいいますが、この時期においても、感覚的な楽しさは、その表現に色濃く反映されます。

例 **ペンギンを描く**（4歳児、11月）

　動物園で見たペンギンを描く。1羽目は、写真絵本を見ながら、ゆっくりと描いていく。2羽目、3羽目も同様である。ペンギンは、群れでいるからたくさん描こうという気持ちをもっているようだ。だんだん、描く手がパターン化してきて、手順が決まってくる。そうして、45分ほどかけて、およそ30羽近くのペンギンを描く。

　後半の描きっぷりは、まさしくペンギンを「つかんだ」という雰囲気で、実にリズミカルでした。私たちは、すぐにイメージの精緻な具現化を求めがちですが、彼らの感覚的なリズムが、生き生きとした作品をつくる原動力であることを見逃してはなりません。

3. イメージを描き表す喜び

　ものの名前を覚え、出来事を言葉で表現できるようになってくると、子どもの世界はどんどんと広がり、深まっていきます。「セミ」だったものは、「クマゼミ」になり、「アブラゼミ」になって、その違いがどこにあるのかもわかるようになります。そうすると、そのわかったことを子どもは表現したくなります。心に残ったことを表現したいと思うのが子どもであり、2歳児でも、カブトムシが大好きな子どもは、そのかっこよさの象徴である角をものすごく誇張して描きます。世界が広がり、深まってきて、物事がよく見えるようになった子どもたちは、それを表現することに、喜びを感じはじめます。

（1）見て描く

　森や園庭で出合い、興味をもった生き物を飼育し、描画作品として残すことにしました。5歳児の事例を見てみましょう。

思いを寄せた生き物を描く 4) （5歳児、7月）

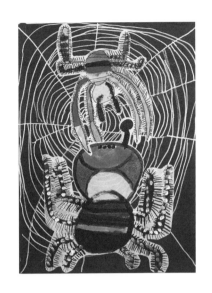

◆ 作品づくりの背景

　7月、5歳児クラスのばら組ではカナヘビ、あやめ組ではコガネグモを飼うことになった。園や森で親しんできた生き物である。飼育には、小さな命が必要である。はじめはえさの適量がわからず、たくさん入れてしまうこともあったが、そのうちにクモもカナヘビもむやみに相手を殺さず、生きるために必要な分しか食べないことに気づくようになった。食べられる虫はかわいそう、でもカナヘビもクモも食べないと生きていけない。飼うということは、命を預かることであり、簡単なことではない、ということが次第にわかっていった。

◆ 「カナヘビ」を描く（箸ペン・綿棒・墨・絵の具を使って）

　飼育ケースの中のカナヘビと、写真を拡大コピーしたものを用意する。子どもたちは動き回るカナヘビを見て、「あー、動かないで」「よう見えん」「もうちょっとこっち向いて」「もう、じっとしてくれん」とため息をつき、本物を見ながら描くことはあきらめて、もっぱら、拡大した写真を見ながら描く。

　体の形は綿棒で、細かい部分は箸ペンで描き、絵の具を使って色づけする。カナヘビの体をよく見て、「どんな色が入っているかな？」とたずね、子どもたちが選んだ色をトレイに出して、混ぜながら色をつけていった。肉眼では見えなかった細かい部分に、「すごい、恐竜みたい」「へー、うろこってこんな形ながや」と、拡大してみて初めてわかることに感動した子どもたちだった。

　子どもたちが特にこだわったのは、うろこと長いしっぽだった。うろこに関しては、時間をかけて一枚一枚描いていき、色を塗るときも、いくつかの色を混ぜながら、一枚一枚の色の変化を楽しんでいた。一日では描き切れず、何日かかけて描き上げていき、日をまたいでも、集中力が切れることはなく、自分が納得のいくまで描き続けた。

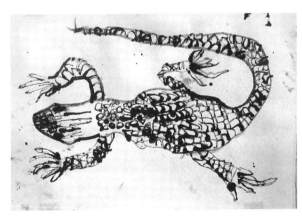

　写真には、一枚一枚、うろこをていねいに描いた様子が見てとれます。生き餌が見つからなかったとき、どんどん痩せていくカナヘビを心配した子どもたちでした。わかったこととそこで感じた感動、感性と知性の間に表現があることを感じさせてくれる作品です。

（2）見えないイメージを表す

　子どもは、さまざまな事物に心が宿っているように思うアニミズムの世界に生きています。それ故に、見えているものに見えないものを自然に重ねます。この時期ならではの表現として、大事にしていきたいものです。

　新しい表現の形として、5歳児で、「心の色」を塗ってみました。詳しくは、第7章の事例（本書p.136参照）に書いてありますが、一人一人の感じ方の違いがよく見える個性あふれる作品ができました。

§3　遊びが生み出す学び

1.　さまざまな遊び方

　子どもは、お姫様や怪獣など、思いついたものを気ままに描くことが大好きです。けれども、白い紙に、一から自分で描くものを決め、配置を考えながら描き進めていき、さらに色を塗って仕上げるというのは、かなりの労力がいります。途中で間違えた、気に入らない、ということも少なくありません。その手順のうちのどれかが省かれることで、子どもが「ラク」に取り組める教材もあります。たとえば、塗り絵です。作品づくりで、さまざまなキャラクターを含む市販の塗り絵をする園はまずないでしょうが、本園の預かり保育では人気の教材です。「ラク」さがあることは、特に午後の預かり保育の環境において重要なことですが、みるみるうちに、塗り方にこだわりが生まれていくのがわかります。好きな色一色で適当だった塗り方は、いつしか「はみ出さない」ことに重きが置かれ、さまざまな色が使われるようになります。さらには、自分でドレスに模様もつけたりします。これらは、形を描く必要がない「ラク」さが生む工夫だといえます。

　写し絵も楽しそうです。好きな絵本やイラストを薄い紙でなぞると、本物そっくりの形ができます。「なぞる」という単純な動きから、描きたい絵を描いた気になれる喜びがあ

るのでしょう。これも、描きたい形の手順を学ぶ機会となっています。

　模写も、大好きな子は何枚も描きます。毎日キャラクターのふりかけをもってきて、その袋を切り取って紙に貼り、ノートにしてコレクションしていた子どもは複数いたのですが、数人、それを模写でやっていた子どもがいました。それは、とてもリアルで、幾種類も描かれたキャラクターたちは、リアルを追及する喜びにあふれていました。

　作品づくりでは、自分でつくり上げることに重きが置かれますが、ある手順を省くことで生まれるこだわりと学びが、子どもたちの遊ぶ姿には見られます。

2.　遊びの手段としての表現

　また、遊びでは、描くことやつくることがごっこ遊びのための手段となります。「見られる」ことや出来不出来は関係なく、必要だからつくられていく表現の数々は、とても生き生きとしています。

　お化け屋敷ごっこ（4歳児、10月）

　お化けが大好きなエイトの描画から、お化け屋敷ごっこがはじまる。5～6人の子どもたちが夢中でお化けを描き、それをところ狭しとままごとコーナーの壁に貼る。それぞれの子どものお化けを描いては、それを切り、お化け屋敷に貼るという動きがとても早い。奥には、ござを屋根にして隠れるところがあり、自分もお化け役になって、来た人を驚かしていた。

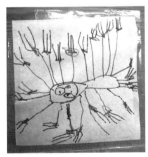

　ここでは、お化けの絵を描くことが遊びの展開を支えています。それぞれの子どもが思いつく多種多様なお化けが描かれました。

　子どもが楽しむ粘土、積み木、廃材製作といった造形活動も、子どものごっこ遊びと深く結びついています。描画の線はなかなか消せないため、「違う」という思いも抱きやす

いのですが、粘土や積み木はいくらでもつくり変えることができ、失敗を越えた試行錯誤を生みます。無藤隆は、子どもが積み木遊びを好む理由について、三角や四角といった単純な形と本人の単純な動作の繰り返しから、さほど深く考えなくとも、ダイナミックなものができ上がるからだと述べています。そして、それは最初の三角や四角の形を超えた新しい意味のあるものを生み出します。ここには、達成の喜びと創発の喜びがあるといっています[5]。廃材製作でも同様です。箱を組み合わせる、つけ足すという単純な動きによって、新しい意味のあるものがつくり出されます。積み木よりも、組み合わせ方や手の動かし方などに細かな技能が必要となってきますが、その分、イメージを具現化する喜びが深くなります。

　こうした遊び場面の描画や造形に、同じ遊び手となって保育者がかかわるときは、「手を貸す」、「貸さない」といった議論から解放されるべきでしょう。あるキャラクターをおじいさんにしたり、鼻毛を描いたり、目を三角にしたりして、子どもと大笑いしながら遊んだことがあります。それは、まさしく西村のいう「遊び」の形でした（本書 p.62 参照）。だいたい、子どもが保育者に「描いて」といってくるときは、その形や手順を見て、観察学習したいときのようです。ヤマンバやお姫様を何度も何度も描いてと頼まれたことがありますが、実際、後半は自分で描きはじめる子どもが多く、そこでは、髪型や目の形など、自分の心に残った部分を取り入れ、工夫している姿があります。

　保育者が遊び手として子どもの表現にかかわるとき、正しさや望ましさから解放されて、保育者自身がそのやりとりの中で、共に楽しむ存在としていることが、子どもの表現を豊かにしていくのだといえます。

§4　子どもの苦手意識を導くもの

1.　感覚が走って、痕跡を把握できない

　前節において、図式期の子どもたちの底辺に流れる感覚的なものの大切さを述べましたが、一方で、発達に応じた意図性の高まりとともに、何を描いたか、何をつくったか「わ

かる」ことを子ども自身も求めはじめます。感覚的な線や形にイメージを与える時期を経て、あれを描こう、これをつくろうと意図性をもつ段階においては、今まさに自分が行っていることについての「モニタリングとエラーの修正」が重要な意味をもってきます。それは、「動員すべき筋肉と動員してはいけない筋肉の選別、動員すべきそれぞれの筋肉の収縮と弛緩のタイミングの決定」であり、きわめて緻密な運動制御が保証されなくてはなりません[6)]。

　そこに課題をもつ子どもの事例を見てみましょう。

 芸術的やね（4歳児、5月）

　森に行くたびに、ぐんぐんと伸びていく「たけのこ」を描く。下絵を描いた次の日から、色塗りがはじまる。たけのこを見て、赤やピンク、黄、緑、茶、紫などの色が見つかる。自分なりに見つけた色を担任保育者に出してもらい、それをお盆の上で混ぜながら、自分でつくって塗る。クラスで4、5人ずつが、床に和紙を広げて取り組んでいる。

　ハルトも、保育者に色を出してもらう。出されたとたんに、全部を一気に混ぜる。ピンク茶色のような色ができる。とりあえず、塗ってみる。

　となりで、他の子どもを手伝っていた保育者（筆者）に、「先生、僕も手伝って」という。「いいとも、いいとも」という気持ちでそばに行く。もう一度、彼のいう色を出して渡すと、案の上、出した色を速効でいっしょくたに混ぜはじめる。

「ぐわ～、いかんいかん、そんなに混ぜなや。見より、見より」

と彼の目の前で、色をつくる。

「どう？　こんな色。これどう？」

とたずねると、「いい」というが、微妙に見ていない。それでも、たけのこを塗りはじめる。そして、塗るたびに彼はこういう。

「芸術的やね～」

「うん、芸術的や」

と、応える。そう応えながら、彼の行動を見て、

「ぐわ～、いかんいかん。そんなに混ぜなや」

と止める。それに対して、塗りながら

「芸術的やね～」と繰り返す。

「うん、芸術的や」と応えながら、

「ちがうて、これ見よって、ほら。ここと、ここ、色ちがうろ」

と見る動きを促す。

「芸術的やね～」

「うん、芸術的や」

微妙に視線が外れる。

「見ゆう？　見ないかん、見な」

手を止めて、

「芸術的や」という。
「うん、すばらしい」
適当に、色を重ねて塗り、色がにごってくる。
「やっぱり、筆洗ったらどうやろうね。塗りたい色で、塗れないじゃん」
「はい、ここもね。ここも、ここもよ。ここは？ どんな色にする？ はい、がんばろう。あとちょっと」

　このようなやりとりを続けながら、およそ40分ほど、彼にしてみれば、最高時間であろう時間、たけのこ塗りに取り組んだ。その間、彼は30回ほど、「芸術的やね〜」を繰り返す。そのたびに、「うん、芸術的や」と返しながら、保育者は、「見る」ことを促し続けた。そうして彼は、お盆の中でつくられる色を見分けられるようになり、いつの間にか筆のもち方がグーから鉛筆もちに変わり、殴り塗りが、筆の先を使うていねいな塗り方に変わり、塗りたい色を塗るために、筆を洗うということがあることを知っていった。そして、自分で色を確認しながら、混ぜて、色をつくるようになった。そうして、彼のたけのこは、大事な、彼だけのたけのこになったようだ。後半は、「実に色を塗ってますよ、僕は」という感じになり、最後は2人で抱き合って、できた絵を眺めた。

　「芸術的やね」の中には、彼独特の素直さや、愛らしさやおもしろさがありますが、ずっと応えているうちに、そこに不安があることに気づきました。彼自身も、できないことがわかっているのでしょう。だから、助けを呼びました。「違う」はわかっても、何が違うかわからないし、どうすればよいのかわからないのです。そんなときは、ぐっと、保育者が引っ張り上げることも必要です。
　図式期の段階に入っても、感覚が走ってしまってすぐにぐちゃぐちゃになってしまう子どもは、少なくありません。そうした子どもは、往々にしてそのことにつまずきを感じています。他の子どもとは違うことも、何を描いたか、つくったかわからないことも、本人がわかっているからです。
　そうした子どもには、行為の痕跡を見て、できつつある出来事を把握させる必要があります。そのためには、感覚が先走っている動きをいったん止めて、視点を絞って見させることが有効でしょう。感覚の間に、「見る」という客観的知性を忍び込ませるのです。そのときに、常に認め、励まし続けることがセットであることはいうまでもありません。

2．図式化して描き進めることがむずかしい

　描画は、三次元の世界を二次元の世界にうつすことです。三次元の頭は、丸という二次元の形に描き写されます。ここにつまずきを感じると、子どもは絵を描くことに苦手意識をもつようになります。また、見出した形態をどの手順で図式化していくのかわからないと、描き進めていくことができません。事例を見てみましょう。

わかる喜び（5歳児、3月）

　卒園式に、自分の絵を描いて、壁面に貼る。コウタは、その絵がどうしても描けず、止まっている。どんどんと日がたっていき、卒園式は目前である。クラスの一員として、描かないわけにはいかず、描きたいという思いはあるが、自信がなくて、描けない。

　そこで、何枚でも描ける下書き用の紙を用意する。形と手順につまずきを感じているのだと予想し、まず、目の形が大きい丸の中に小さな丸を描けばできることを提案する。

保育者（筆者）「はい、マルを描いて、○を。マルの中に、○を描くが。こうよ、こう」
と描いて見せる。

　コウタは、いわれた通りに、大きな丸を描き、その中に、小さな丸を2つ描く。目の丸が思う通りにできなかったらしく、「ちいさい〜」と机に突っ伏して号泣する。

保育者「また、描いたらえいやんか、はい、マル描いて、マル。

　その中に、マル描いて、それから、こう」
と、「目」を描いて見せる。続けて彼がやってみるが、また、気に入らず、いすから崩れ落ちて泣く。

保育者「泣きよっちゃ、できんで。はい、描いて。なに、泣きゆうが。はい、やってみ」
と促され、号泣しながら、鏡を見ながら、筆者の描くモデルを見ながら3回、描く。

　保育者は、ここで「丸の中に丸を描けば目が描ける」という手順のパターン化を教え、理解させようとしている。そのごり押しに近い励ましを、号泣しながら受け止め、やめようとしなかったコウタの心に、「描きたい」という強い気持ちを感じ取った。

　輪郭と目と口とまゆ毛は描いたが、鼻は、保育者の提案する一般的な描き方が腑に落ちず、描かなかった。そして、「落書きいっぱいする〜」と泣いた。下絵の最後に、口を描いたところで、「また、明日やろうか。今日はここまでにしよう」というと、泣きながらうなずき、その絵をぐしゃぐしゃに丸めようとした。それを押し止め、保育者はとても好きだからともらうことにした。

　そして、「明日また描こう」という保育者の提案に、涙を浮かべながらうなずいた。

　この事例で注目したい点は、描いたものが納得できないコウタの姿です。描くたびに、その結果を見て泣く姿があります。栗山誠は「描画活動は意図と解釈によって成立する」[7]と述べています。意図して描きたいものから、描いたものの解釈の間でズレが生じると子どもは葛藤します。多くの場合は、パンダを描こうとしたらクマに見えたから、クマでいいやとか、何を描いたか忘れてしまって、別のイメージを与えるなど、特に遊びの中での

子どもの意図や解釈は適当です。

　しかし、この事例のコウタの場合は、描きたいものがはっきりしているにもかかわらず、それが思うように描けないため、失敗と認識して号泣するのです。「小さい〜」という言葉や、提案された鼻の形では納得しない彼の様子に、それが表れています。

　次の日、コウタは自分の納得する鼻の形を自分で見出しました。それは、三角の形でした。これには、正直驚きましたし、とてもうれしかったことでした。体幹を表す四角を描いたところで、それに納得がいかず、「テレビ見たい〜」と号泣する場面もありましたが、とにかくすべて描き上げ、色を塗り、自分の納得するものを描くことができました。さらに、そのまた次の日、自ら絵が描きたいといってきて、上のような絵で冊子をつくりました。そのとき、コウタは「先生、絵、描こう。だって、絵描くの、簡単やもん」といいました。彼は、絵を描くということが、どういうことかつかんだのです。

　栗山は、子どもが苦手意識をもつ要因として、「描画材の扱い、描き方、手順、プランニングの問題」[8]をあげています。コウタは、組み合わせる形、線の描き方、長さや大きさ、それらをどこから描くかといったことが整理できず、自分がどこで困っているかもわからない状態で止まっていたのだと考えられます。この事例では、保育者が形の組み合わせと手順のモデル性を示したことで、彼は絵を描くということがどういうことか、理解したのだと考えられます。問題は、卒園間近になって号泣しなくてもよいように、どの時期にその課題を見出すことができ、援助できるかが重要です。それは、おそらくものの形態を見出しはじめる3歳児のころでしょう。もしくは、手順ということになれば、図式化の進む4歳児あたりだといえます。

　その意味では、感覚の時代には、それを十分に楽しむこと、形態を見出す時期には、単純な形に慣れ親しむ経験を積むこと、それらの組み合わせで別の形ができることを造形や描画や形合わせなどの経験で知っていくこと、そこから仕上げていく手順を学んでいくことなど、経験の質と蓄積が重要な意味をもってきます。つまり、各園の文化に根差した指導計画が、重要な意味をもってくるといえるでしょう。

写真：篠木眞

 製作をしている子どもの手です。それぞれの写真から、どのような違いや共通点を感じますか。考えてみましょう。

製作する子どもの顔です。それぞれの写真には、どんな共通点がありますか。
考えてみましょう。

Part 3

表現の場としての
行事と学び

このパートで学ぶこと

　Part 3 では、音楽表現、身体表現、描画・造形表現、それぞれにおける実践事例から、保育と表現の連続性について学びます。子どもの表現は感動から生まれます。長い期間をかけて、体験を広げ、深めていくことで子どもの表現に向かう力は確かなものになります。そしてそこには、感じたこととわかったことが意識化された確かな学びがあり、その子自身の充実感や達成感、そして自信へとつながっていきます。

　この確かな学びを導くための環境の構成、指導計画、援助が、具体的にどのように子どもとのかかわりの中から生み出され、修正され、またあらたに展開されていくのかについて事例を通して学びます。子どもに課題を与えてさせるのではなく、子どもの動機を内側から支えていく保育の在り方について、それぞれの表現形態の特質と合わせながら考えていきましょう。

第6章　音の発見・
音楽のはじまり

§1　音・音楽との出合い

　生活に音は満ちあふれています。耳に飛び込む音もあれば、耳を傾ける音もあります。「聴く」[※]とはどういうことなのでしょうか。鷲田清一は、「さわる」と「ふれる」を区別した上で、他者の声を聴くことの根底には「ふれる」という経験があると述べます。つまり、「「さわる」という行為は主体と客体との間に隔たりがある関係として生じるのに対して、「ふれる」というのはふれるものとふれられるものとの相互浸透や交錯という契機を必ず含み、「ふれあう」こととして生成する」[1]としています。他者の声を聴くことは、自─他、内─外、能動─受動という区別を超えた相互浸透的な経験なのです。たとえば、小学生の発表場面で発表者の声が聞こえないとき、「聞こえません」と反応することは「聴きたい」ことの現れであり、発表者の世界に「ふれる」ことを期待していると考えられます[2]。知人が話すことについて、関心がなかったり、関係がうまくいっていなかったり、期待外れの話が続いたりすれば、聞き逃したり、聞こえないままにしたりすることがあるでしょう。家族には気にならない音でも、隣人にはいたたまれないほど不快に聞こえるのは関係性の問題でもあり、相手の世界と自分の世界をふれ合わせることを拒んでいるともいえるでしょう。つまり、音は無前提に聞こえるのではなく、音のある世界とふれ合おうとして聴こえるのであり、音や、音のある世界を「発見」するのです。

　それは、立場を変えれば、自分の世界を発見してもらうことを意味します。たとえば、カラオケのレパートリーはどのように得られるのでしょうか。自分のお気に入りの楽曲がすぐにレパートリーになるわけではありません。お気に入りの曲の歌唱が、自分が歌唱する楽曲の中で相対的にすぐれているからです[3]。そのすぐれているという評価は、カラオ

※）本章では、「聴く」は耳を傾けて積極的に聴きにいっている場合、「聞く」は自然と耳に入ってきたり、何気なく聞こえた場合などで、表記を使い分け記述している。

ケの仲間が認めてくれたことによります。つまり、レパートリーは、他者である聴き手が歌い手のうたう世界とふれ合って、評価してくれて形成されるのです。

　つまり、表現することにおいて「聴かれること」がいかにも重要なのです。「聴くこと」「聴かれること」は音や音楽を通して他者の世界とふれ合うことにおいて根源的なことなのです。やみくもに表したところで、他者にふれてもらわなければ自分の世界を交流させることはできません。聴かれることによって表され、表されるから聴かれるというように、「表すこと」と「聴かれること」はあざなえる縄のごとしです。

　音や音楽と出合い、ふれ合うには、この両方が必要なのですが、保育現場では「表すこと」に比重をおいてしまうことがしばしばあります。たとえば安価な CD ラジカセで性能の限界を無視して大音量で音楽を流し、子どもの身体表現や音楽表現を誘っているといえるでしょうか。その騒々しさに遊びを邪魔されたくなかったり、割れてがさつな音を聴きたくなかったりすれば、子どもはその音や音楽を選択的に排除して、平穏を保とうとします。それは、乳幼児期における音・音楽との出合いとしては残念です。

　では、子どもが音・音楽に自ら聴き入り、わがものとして奏でるにはどのような工夫が可能でしょうか。本章では、プロジェクト活動として取り組まれた実践をもとに考えます。

コラム　プロジェクト活動

　　　　教育方法としての「プロジェクト活動」は、20 世紀初頭、アメリカの進歩主義教育の展開における、デューイの教育論や、キルパトリックの「プロジェクト・メソッド」に端を発しています。プロジェクト活動とは、子ども自ら問題を見出し解決しようとすることを中心として形成的に進められる専心的で目的的な活動です。特定のテーマやトピックについて協働的、探究的に進められ、しばしば地域や社会とつながる活動となります。プロジェクト活動では、個別の活動が相互に影響し合い、全体としてテーマに対し多角的で複雑なアプローチを可能にしています。

　今日、総合的な学習などを含め、「プロジェクト学習」や「プロジェクト・アプローチ」「プロジェクト型授業／保育」など「プロジェクト」を冠したカリキュラムや実践はさまざまに取り組まれ、幼児教育・保育においてもその成果が公表されています[4) 5) 6) 7)]。たとえば、イタリアのレッジョ・エミリア市の公立の乳児保育所や幼児学校で長年取り組まれている乳幼児教育のアプローチはよく知られています[8) 9)]。各園にペダゴジスタ（教育主事）とアトリエスタ（芸術教師）が配置され、保護者や地域、行政とも協力し合って、造形や描画、言葉、身体運動、コラージュなどによるアート表現を中心とした教育を行っています。共通のテーマでも、子どもの製作はそれぞれ独自のアイディアに満ち、アート自体の可能性を広げるものとして高く評価されています。活動の過程はドキュメンテーションとして記録され、教育の省察と構想に活用されます。

§2　子ども自ら出合う音・音楽の世界
──「耳を澄ます」ことから

　本節では、奈良市立大宮幼稚園の実践「『耳を澄ます』ことからはじまる音・音楽の世界」を事例として、保育実践の可能性を見ていきます。この実践は、2年間ほどの音・音楽を主題とするプロジェクト活動として実施されました。そのうち、開始から本格化するまでの最初の1年間を取り上げます。

1.　取り組みについて

（1）テーマについて──「耳を澄ます」ということ

　子どもを取り巻く音・音楽の環境は、生活様式とともに大きく変化しています。家庭では、電化製品や電子端末の音や、メディア機器から流れる音楽を、生まれたときから耳にしています。しかし、意識してそうした音や音楽に耳を傾けているわけでは必ずしもありません。子どもは生活にあふれている音に慣れているだけで、音・音楽の世界に深く入り込んでいるのではない、という問題意識からこのプロジェクト活動は立ち上がりました。

　これまで、幼児教育で子どもに音・音楽と出合わせる際には、しばしば演奏本位でパフォーマンスの技能や技術を優先し、演奏の完成度の高さを求めてきました。「聴くこと」と「表すこと」は表裏の関係にあるのに、保育者が目指す音楽イメージに向けてそのバランスを「表出する」ことに傾かせ、「聴くこと」を軽視してきたのではないでしょうか。

　そこで、子どもが自ら音・音楽の世界に入り込む礎を築くために、「耳を澄ます」という経験に着目しました。「静かに聴きましょう」とするよりも「耳を澄ましましょう」と保育者が声をかけるほうが、子どもたちは能動的に聴覚を作動させ、集中して音を捕えようとします。「耳を澄ます」ことには「聴く」「感じる」「イメージする」などが含まれ、耳を澄ましはじめると、自らとらえた音・音楽のイメージに基づき、音の鳴るものと向かい合います。やがて、子どもたちはさまざまな音に耳を傾け、好みの音を発見し、選択するようになり、それらの音の連なりを音楽にしていきました。活動を重ねると、試行─発見─感動─探究の循環が起こり、音・音楽の世界と深く対話していきました。

（2）カリキュラム

　この幼稚園では4歳児2クラス、5歳児2クラスの2年保育を実施しています。全クラスが連携し、自由選択活動や共通経験の時間を用いてプロジェクト活動を展開しました。

　活動は保育者の手探りの環境構成からはじまりました。当初から子どもに出合わせる音・音楽のリストがあったわけではありません。保育者が構成する環境に子どもが呼応することが続き、2年経過して子どもの経験をカリキュラムとして描くことができました。発達の特徴は、年齢ごとに前期と後期でとらえられました。

① 4歳児前期—思う存分に音を感じ、音に触れる時期：音・音楽の世界に誘われる
② 4歳児後期—音を聴き、友達の音に気づき遊ぶ時期：音・音楽の世界に身を委ねる
③ 5歳児前期—音の再現や創造を探究する時期：音・音楽の世界に潜入し、探索する
④ 5歳児後期—主体的に音・音楽を活かし表現する時期：音・音楽の世界に自在に行き来する

図表 6-1　「『耳を澄ます』ことからはじまる音・音楽の世界」カリキュラム・デザイン

領　域		内　　容	代表的な遊び・活動	
			4歳児	5歳児
音環境	生活環境	●生活の中の音・音楽に触れる ●生活の道具を表現に活用する ●生活場面を音・音楽で表現する ●生活の場を表現の場に転じる	・おいしい音のレストラン ・キッチン・オーケストラ	・転がし音楽会 ・生活用品と手づくりドラムの演奏 ・タップダンス
	自然環境	●園内外の自然が発する音を探索する ●自然物を用いて音・音楽を表現する ●音・音楽から季節の移り変わりを感じる	・雨音の聞き比べ ・ドングリ雷 ・春の音探し	・氷の音 ・川階段をつくろう ・春の音探し
	文化・社会	●歳時の行事を体験し、音・音楽の側面から探索する ●地域の文化や伝統として受け継がれている音・音楽を探索する ●舞台を意識して演奏の発表や鑑賞を行う	・わらべ歌遊び ・もちつき遊び ・ステージ遊び ・お話遊び	・奈良の音探し （西方寺へ行こう） ・バンブーダンス ・エイサー ・スケーターでおどる
	芸術	●年間を通して演奏家を招き、西洋音楽や民族音楽、日本音楽などの鑑賞を楽しむ ●楽器の音色をとらえ、演奏方法の特徴に気づく ●自分なりに演奏に反応し遊びに活かす	・二胡、マリンバ、雅楽、アンサンブル、箏と尺八、合唱・独唱などの鑑賞	・ワイルドな演奏会 ・専門家の演奏を聴き、奏法を体験し、遊びに取り入れる
音楽的な経験	技能	●歌唱や演奏、ものの操作の技能を高める ●拍や拍子、音程、音階、音色、構成などを理解する	・存分に叩いて鳴らす ・リズム楽器に慣れる ・拍を感じてうたう	・材料と奏法を試し、好みの音を得る ・仕かけを工夫する ・音の重なりや聞こえに留意し、編成を工夫する
	感性	●情動の変化を感じ取る ●イメージの変化をとらえる ●不思議さや美しさを感じ味わう	・音やリズムに気づく ・本物の特性や美しさや楽しさを感じる	・専門家の演奏を堪能し、憧れる ・歌詞やお話の情景を思い浮かべ、情感を込めて表す
	協同	●聴き合いなど友達との交流や共振を図る ●斉唱や合奏、分担奏を行う ●集団遊びや共同発表を楽しみ、工夫する	・友達の音や動きに同期し、それを楽しむ ・ノリのよさを楽しむ	・友達と聴き合い表現を高め、一体感を得る ・遊びや演奏で必要な役割を果たす
	言語化	●聴いたことや感じたことを言語化する ●擬音語や擬態語を工夫し、味わう ●イメージや工夫について言語化と共有を図る	・音を口ずさむ ・絵本や歌の言葉のやりとりを楽しみ表す	・音を鳴らす工夫や歌い回しを言葉で表す ・音楽の感動を語る

　カリキュラムにおける領域の一つは「音環境」で、4つの下位領域があります。「生活環境」としては、家庭からもち込まれた鍋やフライパン、陶器やグラスなどの生活用品や、竹材や木材などの素材にかかわり、音を試して快・不快を聴き分け、気に入った音を選び、並べ替えたり、奏法や音の鳴る仕かけを工夫したりしました。「自然環境」としては、雨の日に散歩して傘や木の葉に当たって弾ける音に聴き入ったり、雨を含んだ芝生や水たまりで足踏みしたりして、音の違いを楽しみました。大雪の日には雪の音に、氷が張れば割ったり擦ったりする音に耳を澄ませました。「文化・社会」としては、園外保育で聴いた川階段のせせらぎ音を園内

で装置を工夫して再現したり、寺で体験した仏具の音を「転がしコース」でよみがえらせたりしました。バンブーダンスやエイサー※）などを演じ、身体の動きと音の組み合わせを楽しんだりもしました。「芸術」としては、邦楽・洋楽・民族音楽などの演奏家による音楽を鑑賞して「本物」の表現を感じて音楽に感動したり、演奏者に憧れたりしました。演奏後に楽器に触れる体験をさせてもらうと、遊びに取り入れて楽器を手づくりして奏法を模倣したりしていました。

　もう一つの領域は「音楽的な経験」で、「技能」「感性」「協同」「言語化」の下位領域からなります。音・音楽の活動を通して育まれる音楽的な資質・能力を表しています。

　子どもは遊びや活動において、いくつもの領域に横断的にかかわっていきます。

2．活動の展開

（1）感覚運動を通した音探り（第一次探索）

　子どもには音を自ら「発見」するように出合わせたい―保育者はそのような思いから、プロジェクトの開始当初、子どもが思わず触りたくなるようなものを環境として用意しました。それは楽器ではなく生活用品で、フックに吊った鍋やフライパン、水量を加減できる湯飲み茶碗やグラス、風を起こすためのうちわと風鈴などが置かれています。缶や瓶、枝や竹などの素材は木琴のように横並びにしてあります。マレット（打楽器用のバチ）なども数種類置きました。いずれも少し工夫すれば音が鳴るもので、叩いたり弾いたり擦った

※）エイサーとは、沖縄や奄美群島で盆の時期に踊られる地域芸能。現在のようにパーランクなどのたいこを手に集団の演舞として舞われるようになったのは、第二次世界大戦後のことである。

りといくつかの奏法を試せます。普段の生活で叩いてはいけないものもありますが、あえて置いて意欲を刺激し、音とのかかわり方の制限を取り外したいと考えました。

めずらしさもあって、子どもは一度は手に取り、とりあえず試し弾きをします。力任せに手数多く叩いてみることもしばしばです。一見、楽しそうですが、長続きしません。そして、ものが目に入らないかのように素通りします。このような状態が半年ほど続きました。保育者はあきらめずに環境を置き続け、根気強く子どもたちを励まし続けました。

停滞しているように見えますが、この時期、子どもたちはこれらの環境とのかかわりを模索していたのでしょう。遊びや活動らしく見えない感覚運動的な音探りは、次の段階に向けて経験せざるを得ない過程だと考えます。やがて4歳児は箱にゴムを張って探り弾きをしたりして、自ら奏でる音に耳を傾けるようになっていきました。

（2）「音」の発見──音の違いに気づき、音に関心を向ける

保育者たちは音に触れられる環境を用意し続けました。4歳児が転がしコース遊びをする際には、音が響きやすい菓子の空き缶やビー玉のような硬い玉などを用意し、コース途中に置かれた缶に玉が落ちると「カン」という音を鳴らせるようにしました。

秋になると大量のドングリが用意されました。11月、4歳児はベニヤ板を3枚つない

で斜面をつくり、ドングリを転がすコースとしました。収納箱からドングリをザルに取り分け、まとまった量のドングリを一気に転がします。それには、普段使っているトイよりも板のほうが都合がよいのです。傍らには家庭からもち込まれたトタンの衣装缶があり、それを斜面の下側に置きました。そして、ザルいっぱいのドングリを斜面の上から転がすと、落ちてきたドングリ

で衣装缶が「ガラガラ」と音を鳴り立たせます。一度転がしたドングリを回収するのに時間がかかりますが、子どもたちは根気強く回収しては転がすことを繰り返します。

　やがて回収の労力対効果を考えたのか、子どもはタライに目を向けました。タライいっぱいに入れて転がしたら、どれほどの大音量が出るでしょう。収納ケースからせっせと

タライにドングリを移し替えて、タライを両手でもち上げてベニヤ板に大量のドングリを一気に放出しました。すると量に比例して、衣装缶に落ちてきたドングリが「ガラガラガラガラ」とけたたましい音を立てます。「雷の音みたい」「ドングリ雷！」と子どもたちは大喜びです。すると今度は衣装缶の中に入って座り込む子どもがいます。「ガラガラガラガラ」とドングリが立てる音を体感しているのでした。

　また、徐々に生活環境の音を聴き分けるようになりました。道路に隣接する保育室で耳を澄ませると、子どもたちは年度当初、「車の音が聞こえる」といっていましたが、秋には「バスが信号で停まったよ」「バイクが車を追い抜かそうとしている」など音から状況を想像するようになりました。4歳児クラスでは、保育者が近くの駅のホームで電車が到着するところから出発するまでの音を録音し、その音源で音当て遊びをしました。電車の到着音と出発音を区別するだけでなく、ドアが開いたのか閉まったのかを聞き分け、「プシュー」の「シュー」が先に聞こえるかどうかで開閉の違いがわかるのだと主張する子どももいます。

　ドングリの転がし遊びや音当て遊びのように、子どもたちは音の違いに気づき、自らが出す音や音量を操作しはじめました。音への関心が継続しており、遊びや生活を構成する要素として、音を認識しています。子どもたちは自ら「音」を発見するようになりました。

（3）音の違いに基づく環境探索（第二次探索）
——自らの行為と奏でる音の関係に気づく

　音を発見した子どもたちは、徐々に音の違いに気づき、自ら音を操作するようになります。音の違いをふまえて、音楽に合うような好みの音を選んで集めたり、並べ替えたり、奏で方を変えたりして、音の秩序を自らつくっていきます。自ら発している音が異なることに気づき、本格的な環境探索にのめり込み、単音は徐々に連続していきます。

 事例　木琴みたいにしたい（5歳児、11月）

　11月のある日、子どもたちは、保育室のCDラジカセから、テレビドラマのオープニングテーマ曲を繰り返し流しています。ユカは目前に5個のフライパンを並べて、マレットでリズム打ちを楽しんでいます。スカ（ジャマイカ発祥のポピュラー音楽）やチャンチキ（祭礼の囃子で用いる当たり鉦_{がね}）の要素が取り入れられた器楽曲なので、フライパンの音がよく馴染みます。音色や音高を確認しながらフライパンを並べ替えていて、ユカは音を聴き分け、演奏する音の順番を選択しています。曲に応じた音選択にユカなりのこだわりがあるようです。

　一段落すると、今度は30cm前後の長さに切られた棒状の木材を数本取り出し、並べはじめました。軽い音の出る同質の木材をわざわざ選んでいます。ユカはマレットで打ちながら、1本ずつ右下がりにずらして並べました。保育者が「どうして斜めになってるの？」とたずねると、ユカは「音が小さくなっている」と答えます。音の響きを聴きやすくするために、保育者は援助として木材の

下に竹を2本挟み込んで、テーブルから木材を浮かせました。10本ほど木材を並べたユカは、叩いてみたり左から右へとグリッサンド（鍵盤上をバチを右方向や左方向に滑らせて音を連続させる奏法）してみたりしています。「どうして音が違うのだろうね？」との保育者の問いかけに、ユカは木材の断面を見て太さの違いを気にしています。通りがかったナナが「木琴みたいね」と声をかけ、のぞき込んだミキが「（木琴は）斜めになっている」と指摘します。木琴をよく見ると、斜めに見えるのは、鍵盤の長さが左側ほど長く右側ほど短くなっているからだと気づきました。そこでユカは木材の長さを比べて、木琴のように右側ほど短くなるように並び替えました。

　保育者が「（木琴と）似てる音はあるかな？」とたずねると、これまでユカの遊びを見ていたリサがマレットを取って、木琴の一番低い「ソ」の音を一定の拍で叩き続けます。すると、それに呼応して、ユカも1本の木材を叩き続けて、「同じ」音かどうか確認しはじめました。「ソ」の木材を見つけたユカは、保育者に「本物（の木琴）みたいにしたい」といって、ビニールテープに階名を書き込み、木材に貼りつけました。傍らの木琴には一鍵ずつ階名が印刷されていたのです。次は「ラ」の音を探します。リサが木琴の鍵盤を叩き、ユカが木材の音を確認し、階名を貼りつけていく―その作業をユカとリサは一音一音粘り強く進め、「ソラシドレミファソラシド」の11本の木材それぞれに階名をつけました。

　この事例で、ユカは自らの行為と発する音との関係に気づき、音を選んで並べるという調律に向けて素材にかかわっています。実際には、木琴の音高通りに木材の音を探り当てたのではなく、木材の音の並びは階名順にはなりませんでした。しかし、木片によって音色や音高が異なること、音の違いは鍵盤の長さの違いに表れること、音階という秩序があり、木琴の音を頼りに木材の音高も調律できそうなことを理解しています。ユカの遊びに関心を示した友達や保育者から助言や援助を受け、素材や音は操作され、問題解決が図られています。テーマ曲に合わせたフライパンの音選択と並び替えを伏線として、木材の音探索と調律が起こり、探究が深まりました。

　この事例はユカだけでなく、手探りでプロジェクト活動を進めてきた保育者にとっても取り組みへの確信を得る契機になりました。保育者が工夫して選んで用意した木材が、ユカたちによる音探索で十分に生かされたのです。保育者の援助に注目してみると、「どうして斜めになってるの？」「どうして音が違うのだろうね？」「（木琴と）似てる音はあるかな？」と、指示ではなく質問が重ねられています。保育者は、この声かけでユカが音に関心をもっていることを確認しつつ、ユカ自身の考えを引き出しています。そして、竹を下敷きにして音の響きを聞こえやすくしたり、木琴をもち出してきたりして、ユカたちが音への関心を中断せずに展開できるように援助しています。ユカたちがフライパンや木材の音を並べ替えたり調律したりすることは、保育者にとっては偶発的な出来事でした。しかし、日ごろより教材研究を重ねて子どもと素材とのかかわり方の可能性を探っており、遊びをあとおしする即応的な援助が可能になったと考えられます。

（4）音の選択と組み合わせに基づく活動──音を連続させ、音・音楽の世界に入り込む

　やがて、関心は音の連続性に向きました。どういう音がよりよいのか、イメージ通りの音を確実に得るにはどうしたらよいのか、選択した音を自らの音・音楽の世界で活用しはじめます。1月には、パフォーマンスを高めるために、音や表現の工夫を行っています。

 マリオネット（5歳児、1〜2月）

　5歳児の数名が、マリオネットのダンスでステージ遊びをしています。自分たちで振りつけて、何度も実演していました。マリオネットはプラスチックのハンガーにヒモで吊り下げられており、ハンガーの振りに合わせて動きます。
　マリオネットの足には、ゼリーのカップが下向きにつけられていました。保育室のフローリング床で実演していた際は問題にならなかったのですが、多くの人

に見てもらうために職員室前の通路をステージにしたところ、コンクリート床にはカップの音が響きませんでした。そこで、別の遊びで使われていた空洞の木箱なら響くのではと予想し、もち込みました。確かにコンクリート床よりは多少改善したものの、子どもたちのイメージとは異なっていました。「どうしようか」と考えをめぐらせていたところ、一人が缶詰の缶があることを思い出しま

した。これも別の遊びで音の鳴りやすさ故にもち込まれていたものです。早速、ゼリーのカップの足を、缶詰の缶に取り替えました。木箱の上でマリオネットをおどらせると、格段に音が響きタップが踏まれるようになったのです。マリオネットも子どもたちも身体を揺らしながらおどっています。心なしかマリオネット3体の動きが同期しています。

　この事例では、自分たちがイメージするタップの音に向けて、マリオネットの足の素材を変えたり、木箱をもち込んだりして、いくつかの問題を解決しています。マリオネットの操作や動きだけに関心が向けられていたのであれば、フローリング床からコンクリート床に移動しても問題化しなかったかもしれません。しかし、これまでの音・音楽の活動により、音に関心を向けることが根づいていたからこそ、こうした変化が起きたのでしょう。

　さらなる変化もありました。缶のタップ音を音楽の拍に合わせようとしていたら、マリオネット3体の動きが揃ってきたのです。それまでは、横に並ぶ他児のマリオネットの動きはよく見えず、不揃いでした。タップ音が聞こえるようになり、その音を手がかりにして動きが整い、加えて、演者自身の身体表現もノリがよくなりました。つまり、音への関心によって、子どもの表現が変化し、遊びの質が高まったといえるでしょう。

　次は、協働していくつもの問題解決を行い、イメージする音の連なりを得た事例です。

 西方寺へ行こう──転がしコースのゴールでカネが鳴るよ（5歳児、2月）

　10名ほどの5歳児が、コース途中にさまざまな仕かけのある転がし遊びを、ジャングルジムで展開していました。ジャングルジムのコースが手狭になり、コースを延伸したいという思いから、少し離れた滑り台とつなげるというアイディアに取り組むことになりました。長い筒を見つけ試してみますが、1本では長さが足りません。他の筒やトイとつなげて、ジャングルジムから滑り台までの長さを確保することができました。

　長さは調整できたものの、もち上げるとつなぎ目が折れてしまいます。支柱として、保育者の助言で脚立を使ってみることになりました。脚立をつなぎ目の真下に置き、積み木や空き箱を脚立に搭載して高さを調整し、コースはでき上がりました。

　しかし、ジャングルジムから脚立を経て滑り台のデッキ部に至る橋渡しには高低差がなく、コース途中で停留する玉を手で送り出さねばなりません。そこで、コース途中で誰も手を触れずに滑り

台の降り口まで玉を転がすことが、1つ目の共通のめあてとなりました。結局、ジャングルジム側のスタート地点にタオルを挟み込み、玉の放出口を高くし傾斜をつくり、問題を解決しました。

　並行して、羽釜をバチや木槌などで叩いて音を試していたソウタとタイガは、その音が、以前、西方寺で体験した磬子（きんす）の音に似ていることに気づき、「西方寺へ行こう」といいながら、羽釜を滑り台の降り口に置きました。オサムとマモルは羽釜を置き直したり、種類の異なる玉を転がして、羽釜に玉が当たる音を聴き比べています。ソウタは「羽釜をゴールにしたら？」と提案し、それが子どもたちの2つ目のめあてとなりました。

　難題は、脚立から来た玉の進行を滑り台のデッキ部で90度転換することでした。トイを直角に置いてみたり、板に置き換えたりしますが、うまくいきません。玉が転がるように、板を手で操作しているとうまく転がる場合があることに気づきました。そこで、板の下に台を置き、傾斜をつけると、人の手で送り出さなくても玉が方向を変えます。そして、何度か試しているうちに、ジャングルジムのスタート地点から放たれた玉は脚立の上を通り、

滑り台のデッキ部で方向転換し、滑り台を滑走し降り口に到達し、羽釜を「ゴーン」と鳴らしました。子どもたちは「やったー！西方寺の音や！」「西方寺に着いたで」などと言い合い、達成感を味わいました。

　この事例では、最初から大がかりなコースを全員でつくろうとしたのではありません。つくっているうちにアイディアが生まれ、それぞれにこだわるコースのイメージが喚起され、並行していた取り組みが交流され、コースが延伸し、全体として大がかりなコースになったのです。しかも、手を触れずにあちこちの仕掛けで音を鳴らし、最後にゴールで西方寺の音を得たのです。音の連続をイメージ通りに実現させました。

　上記2つの事例において、子どもたちは協働していくつもの問題解決に取り組み、その過程を振り返り評価しながら、共通のめあてに至っています。音の記憶やイメージを手がかりにして、問題を把握し、問題構造を整理し、アイディアを出し合い、修正を続けています。その結果、「マリオネット」ではマリオネットのタップ音が響くようになったばかりでなく、自分たちも音楽にノリ、人形操作と身体表現の両方を楽しみました。「西方寺へ行こう」では、コース途中で手を触れずに玉をゴールに到達させるというめあてと、羽釜をゴールにして「ゴーン」という仏具の音を再現するというめあての2つを実現しまし

た。その過程には問題解決の連鎖があるわけですが、5歳児らしいのは複数のめあてや成果に向けて、活動に専心し協働していることに加え、活動自体がステージ遊びの聴衆や、地域社会と接合し、社会的環境を活用した活動としている点です。

　このように継続するプロジェクト活動において、子どもたちは音を選択し組み合わせ、音を連続させる経験を得て、音・音楽の世界に入り込み、探究を深めているのです。

§3　子どもにこそ可能な音・音楽との出合い

1．　子どもによる音・音楽の経験の意味

　以上、子どもは音・音楽とどのように出合い、その世界にふれ合ったのでしょうか。

　第1に、子どもにとって「耳を澄ます」ことは「聴く」ことよりも能動態でした。本章の§1で述べたように、「聴く」ということは、本来、自と他、自分と世界をいきかう相互浸透的な行為であり、「受け止める」というよりも「入り込む」行為です。しかし、幼児教育において「聴く」ことを教えることは、「表す」ことよりもむずかしいものです。どうすれば聴いたことになるのか、評価することがむずかしいのです。そこで「聴く」ではなく「耳を澄ます」と投げかけることで、子どもは環境に入り込み、音をとらえ、聴き分け、選択することができました。子どもたちは自らイメージする音が響くまで粘り強く音を探したり、「耳に響くからやめて」といったりして、確かに耳を澄ませていることを示しました。そして、ドングリ雷の音を体感したり、寺の仏具の音を園庭に再現したり、木片から音階を調律したりして、子ども独自の音・音楽の世界が展開されました。

　第2に、子どもたちは「生活環境」「自然環境」「文化・社会」「芸術」という4つの音環境の境界を軽々と越え自由に行き来しつつ、自らの音・音楽の世界をつくりました。大人が特定のジャンルにこだわり、自らの世界を閉じて安定した世界をつくるのとは大きく異なっています。地域で体験した仏具の音を固定遊具や羽釜など生活の道具で再現したり、木片から楽器に迫ろうとしたりして、音環境の境界を交わらせ、越えています。その結果、展開されたのは子どもならではの感性でとらえられた独自の音・音楽の世界であり、従来の演奏本位のパフォーマンスでは見られない子どもと音・音楽とのかかわり方でした。

　第3に、遊びをとらえるポイントとして「ものの特性」と「人の身体的特性」と「音・音楽」との関係が重要です。ものの特性と人の身体的特性によって「奏でる」という行為が引き出されます。たとえば、ドラムのスティックを目にすると握って叩くという行為が誘発され、ドラムの特性に応じて「ドンドン」とか「チャッチャッ」という音が生まれます。音は、叩くという行為によって生み出された結果であると同時に、確かに鳴るのだと

いう手応えにより次の叩く行為を誘発します。その音に興味や関心をもったり、快感情を得たりすればその行為は一層継続し、「奏でる」行為となっていきます。「マリオネット」の事例（本書 p.120 参照）のように子どもが音・音楽を楽しんでいるときは、ものの特性と身体的特性と音・音楽の関係が循環的に繰り返されます。一方、感覚運動による音探りの時期では、叩く行為までは誘発されますが、その音への評価が定まらず継続しなかったと考えられます。「耳を澄ます」という働きかけによって、素材の音を聴き分けるなど、徐々に子どもは音を評価するようになり、音・音楽の世界に専心することにつながったのでしょう。

2. 保育者の援助と教材研究

　この一連の活動は、保育者の援助の工夫と教材研究に支えられています。鳴り物の素材では、金属や木質、石、ガラス、プラスチックなど多くの物質を集めました。既成のバチ（スティックやマレットなど）では音に限りがあるので、保育者はバチを改良したり、自ら製作したりしました。木や竹のバチはよく共鳴し大きな音量を出すこと、菜箸にスーパーボールやコルクをつけたマレットはプラスチック素材ではよく共鳴し、鉄では音を吸収してしまうこと、石を取りつけた手づくりのマレットを使うとよい音が出ることなど、バチは遊びで使われて評価され、その評価を受けて、保育者は教材の改善を試みました。

　手探りで環境を用意し、素材を置き続けていたころは、これでよいのか、保育者に不安が募りました。子どもたちの関心が続かず、停滞しているような第一次探索の時期を、保育者が子どもたちを信じてあきらめなかったことがその後の活動の成否を分けたように思われます。結果として、環境を維持していたために、子どもは第一次探索を経て音を発見し、選択するようになりました。「木琴みたいにしたい」の事例（本書 p.119 参照）で記したように、日ごろから教材研究を重ねていたために、子どものわずかな反応も見逃さず、子どもの言葉を受け止め、次の展開に誘うことができました。「耳を澄ませて」と働きかけ続けた保育者にとって、確かに子どもたちが音を聴き分け、音や音楽を語り、自らの音・音楽の世界をつくりはじめたことは保育者冥利に尽きる喜びとなりました。保育者にとっても問題を見出し解決しようとする反省的で目的的な活動であり、協働的で創発的な実践でした。

　子どもの継続的な関心を引き出すには、音・音楽を自ら「発見」するような出合い方を工夫することが大切です。「耳を澄ませる」経験が音・音楽の発見の支えとなり、友達や保育者との対話が発見の喜びを確かなものにするでしょう。また、このような音・音楽との出合いが互いの歌声や音への関心を呼び起こし、子どもの歌唱や合奏を本質的な音楽的経験へと導くでしょう。表すことと聴くことは相補的に表現を高めているのです。

第7章　体験が生む描画・造形

§1　「作品」をつくることの意義

　ここでいう「作品」とは、他者に開くことを目的に、保育者のほうで、描いたりつくったりする機会を設けて製作するものです。こうした取り組みは、園の保育を理解してもらう大切な機会になります。しかしそれ以上に意味があるのは、子どもが集中して作品づくりに向かい、自分の満足するものをつくり上げることです。

　子どもが、意欲的に取り組むためには、感動が必要です。感動が、作品をつくるパワーを生みます。カリキュラムで決まっているから、「6月にはカタツムリを描く」というだけではなく、直接カタツムリとかかわる中で、何を感じ、何がわかったか、その感動から「描きたい」という意欲を生み出すことが必要です。

　描きたい、つくりたいと思ったものができ上がったとき、そしてそれを好きになったとき、子どもは大きな達成感とともに、自分に自信をもちます。ここに社会的な受け止め（保育者の共感や保護者の喜びの態度）が加わると、その自信は確かなものになります。したがって、子どもが大きな達成感をもてる作品をつくり、それを他者に開く機会は、とても大きな教育的意義をもつものだといえます。

§2　豊かな体験を通して生まれる描画・造形

　筆者の園では、毎年11月中旬に作品展が開催されます。前年度の3月あたりから、もしくは新年度の4月はじめから、園全体や各学年を通してテーマを設定し、体験と表現を積み重ねていきます。作品展への取り組みを通して大切にしていることは、次の2点です。

・長い期間を通して体験を積み重ね、感じたこととわかったことを作品として表すこと
・発達にあった表現方法で作品に取り組むこと

以下では、2歳児から5歳児までの体験と表現の実際を見ていきましょう。

1. 2歳児の表現

2歳児の表現では、感覚的なおもしろさが結果的に作品につながるような環境の構成が必要です。ドングリを転がすことで、ダイナミックな線の動きが出たり、バッタになって遊んでいる延長線上でジャンプし、バッタが跳んだあとのような作品ができます。戸外での出合いなどを通して親しみ表現したのが、写真のカタツムリとイモリです。

2歳児では、カタツムリなどの形を描くことはむずかしいでしょうが、カタツムリの殻の色の多彩さやイモリの斑点の模様を、教材の工夫によって表現することができます。

たとえば、カタツムリ製作では、保育者がまずカタツムリランドセルを一人一つずつつくり、それでごっこ遊びを楽しみます。段ボールに梱包材を巻いて、殻の光沢感を表現し、それから色を塗ってみようと投げかけます。子どもたちが楽しんだ部分は単なる色遊びですが、そこにカタツムリをつくっているという意識はあるでしょう。そして、それを身に着けて遊ぶことを通して、色遊びという出来事は、それ以上のものになります。

また、このころの子どもは自分の行為によって、偶然の出来事を意図的なものに変えていく知性の働きがあります。イモリの製作では、保育者がつくったイモリの形に切った和紙を、アカハライモリに近い赤の絵の具に浸して染め、それを乾かします。子どもたちは黒い斑点をスタンプの要領で置き、思い思いのアカハライモリをつくります。色が変わるおもしろさに、子どもはのめり込んでいき、でき上がった作品からもアカハライモリの斑点を再現しようとする意図性が見られます。

このように、体験から得た感動を背景に、自分の感覚的な行為によって出てきた線や色

の不思議さに心を動かすことでできたものが、作品となって子どもにフィードバックしていきます。そうした教材の工夫が、2歳児の作品づくりには求められます。

2. 3歳児の表現

　3歳児は、一つのものに素直に集中でき、アニミズムの時代特有の共感性をもち、その対象に心を寄せていくことができます。身近なダンゴムシやチョウ、テントウムシといった小さな生き物に、お母さん、お父さんといった家族を重ね合わせたり、痛そう、う

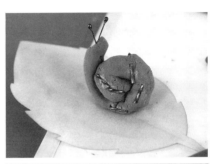

れしそうと心を寄せていきます。こうした時期には、お話絵本がとても大きな力を発揮してくれます。たとえば、『ころちゃんはだんごむし』（作：高家博成、絵：仲川道子、童心社、1998）では、生き物の特徴とともにカマキリの登場をめぐるころちゃんのドラマが展開し、その存在をさらに子どもたちに近づけてくれます。写真絵本や図鑑も子どもたちは大好きで、興味のある部位を確認したり、虫などの動きや生態を楽しみながら理解していきます。

　この時期には、作品づくりにおいては、試行錯誤を楽しむようになります。したがって、簡単にやり直すことができ、素材をあれこれ扱える造形的な表現がよりふさわしいでしょう。

　写真（上、カタツムリ）では、子どもたちの好きになった生き物に対する感動と発見が、余すことなく表現されています。紙粘土でつくったものですが、色は保育者と一緒に子どもの希望の色を聞きながら、絵の具を混ぜ込んでつくり、自然物やモール、スパンコールなどで装飾しました。イメージを実現するために、一歩一歩進んでいけることが造形表現のよいところでしょう。

　また、体験（飼育、栽培、観察など）と保育者の投げかけで、ものとものの関係性に気づくこともできます。たとえば写真では、ダンゴムシと葉っぱ（写真中）、カブトムシと木（写真下）が表現さ

れています。小さな生き物や植物などの生育環境は、日ごろの体験の中で、保育者の言葉かけを通して気づいていきます。たとえば、「うんどこしょ、どっこいしょ」といいながら、草を抜き、遊び感覚で根っこに気づかせたりします。

　そこでの感動を表現に変えていくとき、やはり教材の工夫が大切です。3歳児では、まだものとものの関係を計画的に一つの画面上に描いていくことができません。そこで、ダンゴムシと葉っぱであれば、ダンゴムシだけを描いて、別に葉っぱを切って、それを組み合わせます。カブトムシであれば、木を画用紙で組み合わせてから、描いて切ったカブトムシを配置します。描画の作品に造形的要素を取り入れるのです。

　教材の工夫によって、子どもが体験から得た感動をわかる作品にすることができます。そして、その作品が新たな感動と自信につながっていきます。このころには、自分のつくったものにこだわりがありますので、友達のものにも着目できます。友達の動きや作品に触発され、響き合う姿も3歳児らしい姿です。

3.　4歳児の表現

　4歳児になると、ものの見方に広がりや深まり、そしてつながりが見えてきます。アニミズムも残しており、独特の表現が表れるのがこの時期です。

　子どもの興味・関心を深めていく取り組みと、それが導く子どもの豊かな表現の実際を、事例を通して見ていきましょう。

 ① 虫とのかかわり[1]（4歳児、4〜11月）　見る、比べる——身近な虫を見てみよう

① テーマの設定

　4歳児では、子どもたちが興味をもっている「虫」をテーマにして、作品展に向かって、以下のようなねらいを立てた。

・見たこと、感じたことを表現する。
・色、形、動きをよく見て表現することを楽しむ。

② 子どもの実態

・変化に気づく

　4月、子どもたちは、小さな赤ちゃんバッタに出合った。不規則な動きのため、なかなか捕まえられない。捕まえても力加減がわからず、潰しそうになっていたが、そのうち自分で見つけて捕まえ「前より大きくなってる」「これ、違う」など、大きさ、色、形の違いに気づくようになる。

　9月に入ると、バッタ以外のカマキリやコオロギ、そしてトンボなど、いろいろな虫に興味をもつようになる。友達と見せ合いっこをし、大きさ比べをする中で、名前にも興味をもちはじめ、図鑑を開いて調べる姿が増える。そのころから、単なるバッタではなく、「ショウリョウバッタ」や

「トノサマバッタ」と名前で呼ぶようになった。直接触ったり、捕まえたりする中で、それぞれの虫の変化に気づき、調べたり見比べたりしてわかったことで、より親しみをもったようだ。

・捕食関係に気づく

　あるとき、同じケースに入れたオオカマキリが、バッタを両カマで捕まえて食べているところに出合う（一緒のケースに入れたとき、保育者は捕食関係に気づいてほしいという思いから、そのままにしていた）。子どもたちは、固唾をのんでその場面に見入り、「はー」とため息をついて、「食べるがや」とつぶやいた。その後、羽と足だけ残ったバッタを見て、「一緒に入れられん」「他のバッタ、逃がしちゃらんといかん」とバッタの側になって気持ちを話す子どもと、「お腹すいちょったがや」「もうお腹いっぱいやき、ごちそうさまながや」とカマキリの側の気持ちを感じた子どもがいて、それぞれの気持ちを代弁するかのような会話をしていた。それ以来、カマキリは他の虫を食べる強い虫だというイメージがついたようだ。

　そんなとき、いつもは食べる側の強いカマキリが、たくさんの小さなアリに引きずられて行く場面に出合う。「カマキリ、死んじゅうが？」「もう死んでるみたいやね」「アリに連れて行かれゆう」「どこへ行くがやろう？」「巣に運びゆうがやない？」「食べるがやろーか」と、子どもはそれぞれに思いをめぐらし、たびたび、カマキリがどうなっていくのか、様子を見に戻っていた。

　生きるために食べるという自然の摂理を感じ、捕食の関係に興味をもつきっかけになった。それ以来、虫に対して、餌が必要であることを気にする子どもの姿が見られるようになった。

③ 子どもの興味・関心を広げる環境の構成

・ポケット顕微鏡

　虫に対する興味・関心をさらに広げるため、ポケット顕微鏡を用意する。顕微鏡は見たい部分を詳しく「見る」ことができるものだとわかった子どもたちは、虫が大きく見えることに驚き、「大きい！」「すごい！」と感動の声をあげていたが、自分で扱うのはむずかしかった。そこで、捕まえた虫を園にもち帰り、レンズの合わせ方を確認しながら、見ることができるように練習した。細部まではっきりと見えたことで虫の顔や毛の生え方、羽の模様など、どんどん興味が出てきたようだった。

　この日から、自園の森につくった観察コーナーでも、自分で捕まえた虫をもってきては、観察する姿が見られるようになり、友達と見合いっこをしたり、見えたことや気づいたことを伝え合う姿が見られるようになった。たとえば、「足がギザギザしちゅう！　太いところと細いところがある！」とショウリョウバッタの足に着目する子ども、コオロギを捕まえ「なんか固そうやけど、触ったらやわらかいね〜！」と筋肉質な足に注目する子ども。また、「赤色の線がある！」とバッタの背中の色について発見し、同じ虫が他にもいるかどうか調査したり、「首がビヨーンて動きゆう！」と身近なテントウムシについて新発見をした子どももいた。チョウの羽が点々模様のように見え、「なんか目が変になる！」とその模様の細かさに驚く子どもや、虫の口元に着目し、餌を与えてみる子どももいた。また、園に帰ってから図鑑や科学絵本を開く姿もよく見られ、自分が見つけた虫と照らし合わせ、経験したことを確認しているようだった。

・虫を飼育する

　アゲハチョウやカブトムシなどさまざまな幼虫を保育室で飼育する。集めるだけだったダンゴム

シについても、湿った土と枯れ葉を食べるからと捕まえてきた場所の土や枯れ葉を一緒に入れたり、土が乾かないように毎日霧吹きで湿らせるなど、住む場所を気づかって、世話をする姿があった。

　5月、園庭のレモンの木にチョウのさなぎと幼虫を見つけ、飼うことにする。子どもたちは、レモンの葉っぱをむしゃむしゃ食べる様子に大興奮し、毎日新しい葉っぱに取り換える姿があった。飼育ケースの横に科学絵本のアゲハチョウの羽化の連続写真を広げておいたことで、「いまここや」と見比べる姿が見られた。幼虫が羽化したときも「止まる場所がいる」「花の蜜がごはんや」といって花壇の花をもらってくる姿もあった。

　保育室の飼育では、その虫の食べる様子や、生態の変化をいつでも間近で見ることができ、世話をする中で、生きる環境と餌の大切さを感じ、命を預かるという責任感をもっている姿があった。

・運動会のダンスで虫をテーマにおどる

　9月、運動会のダンスに虫をテーマにしたダンスを取り入れる。歌の内容も、虫の特徴を表したもので、子どもたちの経験に合ったものである。自園の森では、その曲に合わせ、虫の博士になったつもりで、夏の暑さを乗り越えて大きくなったバッタやコオロギ、テントウムシにカマキリ、チョウを探す姿があった。

　実際のダンスの場面では、曲の中にあえて子どもたち（虫たち）が自由に動ける時間をとったことで、同じ虫でも一人一人の虫の表現が違っていたり、飛んだり、跳ねたりする動きの他に、バッタの友達を食べようとするカマキリなど、捕食の関係も動きで表現されていた。

　ダンスの際のお面づくりでは、「かわいい」や「かっこいい」など、自分のもつイメージがそのまま絵に表れていた。空想を楽しみカラフルな色を楽しむ子どももいれば、虫の体をよく見ていて手足の先の毛やとげや羽の模様や色などにこだわる姿も見られた。

・実験キャベツ

　9月、4歳児クラスで植える野菜にキャベツを選び、一つだけ虫用にした。1週間ほどで、その実験キャベツに異変がある。「実験キャベツに穴があいちゅう」という知らせにみんなで見に行く。葉の裏をめくると小さな青虫と薄黄色い小さなつぶつぶが所々についていた。「青虫がおる」「これ、卵かな」と話す姿があった。それからまた1週間も経たないうちに、実験キャベツはレースのキャベツに変わり、青虫もすぐに見つけられるほど数が増えていく。10月に入ると、とうとう実験キャベツは芯だけの姿になり、「ほねほねキャベツ」と呼ばれるようになった。キャベツの芯の中心のほうには緑色の丸いものがたくさんあり、「青虫の糞や」「キャベツ食べたき緑ながや」など気づいたことを話したり、「どこからこんなに青虫が来たがやろう」と不思議がる子どもや「チョウが飛んで来て卵産んだがよ」と知っていることを話すなど、子ども同士の会話が弾んでいた。

　このように、森で自然に生きる虫たちに出合うこと、観察を深めるポケット顕微鏡や図鑑、科学絵本を利用すること、身体で生態的な特徴を表してみること、虫をイメージする

歌と曲に合わせて、身体表現を楽しむこと、飼育を通して命に責任をもつこと、実験栽培を通して、命の営みの力強さを感じることといった、さまざまな体験を通して、感じたこと、考えたことが、作品展への表現につながっていきます。

図表 7-1　質の異なる子どもの体験

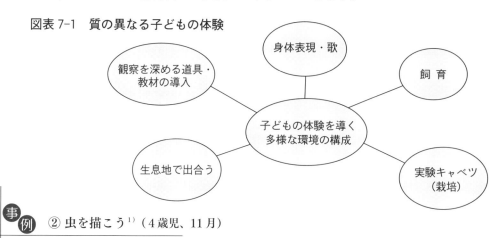

事例　② 虫を描こう[1]（4歳児、11月）

④ 表現の実際

・気づきを促す

　ポケット顕微鏡で虫の観察を積み重ね、目が育ってきた子どもたちに、もっと色にも気づいてほしいと思い「バッタって何色？」と問いかけてみる。予想通りの「黄緑！」「緑！」という迷いのない答えが返ってくる。そこで自園の森へ行き「虫や虫の住み処である木や原っぱの色」について子どもたちに問いかけ、もって行った色紙と比べっこをする。木やドングリ、葉っぱなどに色紙を当ててみると「茶色じゃない、じゃあ黒？　ここは草が生えちゅうき緑！」など、いろいろな色が混ざっていることがわかる。見つけたカマキリやバッタを色紙の上に載せ、色の違いを確かめていた。

　園に帰ってから、子どもたちの発見を聞いたところ「バッタは緑と黄緑と茶色と黄色と紫と……」というように、たくさんの気づきがあったようだ。「何でいろんな色なのかな？」みんな「う～ん……」と悩み顔。すると「もしかして……変装する虫じゃない？　枝になりきる～ナナフシさん♪」とうたう子どもが現れた。子どもたちは納得顔で、隠れるための色だということや、虫や虫の住み処にはいろいろな色が隠れていることを知った。

・虫に思いを寄せる

　「捕まえたことのある虫」を題材に、オイルパステルや絵の具で虫の絵を描く。友達の虫が飾られていくたびに「まだ描いてない」「次は私が描くき！」と虫を描くことを心待ちにする姿がある。運動会のお面づくりでは、色鮮やかなチョウや格好いいカブトムシ、珍しい虫を描きたがってい

たが、今回は、自園の森に行くたびに捕まえようと躍起になっていたチョウを描きたいといった子や、卵を抱えたままのアカトンボを捕まえたことが印象に残っていて、ずっとアカトンボを描きたいといっていた子など、自分が興味をもったり、かかわったりした虫を描く子どもが多かった。

そして描きたい虫を決めると、観察したり、図鑑を見たり、思い出したりしながら、隠れている色を探す姿があった。担任の保育者は、絵を描いている子どもが、思わぬ色を口にしたときには、内心「えっ！」と絵の具を出すことを渋りそうになったが、「私には、黄色に見えるけど、○○君には灰色に見えるがやね！　みんな違うがやね〜」ととなりで見ていた女児の言葉にハッとする。色探しを経験したことで、いろいろな見え方があってもよいと思えるようになったのだと感じる。

　4月には、一色だけで描いていたカマキリの体も、足と鎌の部分ではギザギザの部分の色が違うことに気づき、色を変える姿があった。また、微妙な色の違いから、茶色だけでなく赤色を使い、より鎌に迫力が出た。運動会のお面づくりでは、自分の好きな色を使ったカラフルなチョウやトンボも、顕微鏡で見た羽の薄くて細かい線や点々模様を再現したくて、何度も何度もオイルパステルや筆をもち替え、模様が目立つように少しずつ色を変えていく姿があった。

　捕まえた虫を触って感触を確かめたり、顕微鏡で観察することを何度も繰り返したりしたことで、子どもたちの表現には、虫の部分や色にこだわる姿があった。

　事例からは、保育者の環境の構成が子どもたちを包む中で、生き物のさまざまな側面に気づき、感動する彼らの姿が見て取れます。私たちの命の基盤である小さな生き物の存在に、体験を通して心を寄せていくことが、豊かな表現を生んでいきます。かかわれば、かかわるほど、対象に対する親しみや愛情は湧き、知りたいという思いは強くなります。命の問題に、はっきりとした答えはありません。大切なのは、多くのかかわりを通して、そこにリアルさを感じることであり、事例の子どもたちの様子からは、それが見えてきます。

　すばらしい絵を描くことが、目的ではありません。表現することが喜びとなる体験を積み重ね、その感動を表す結果としてすばらしい作品ができ上がるのです。

　素材、道具、紙の大きさなど、表現方法に関する工夫はもちろん必要ですし、発達に応じた表現形態を考えることは、とても大切ですが、何より、現代の子どもたちに望まれるのは、豊かな体験だといえます。次は、5歳児の事例を見てみましょう。

4. 5歳児の表現

　5歳児になると、見て取る力が格段に上がり、それに伴って自分の表現に対する意欲や集中力が高まります。手先もさらに自由に動くようになるので、さまざまな表現が可能になります。また、友達と話し合って、葛藤し、調整しながら一つの作品をつくり上げることもできるようになります。

作品展のテーマは、対象と深くかかわっていくことを目的としています。ある年、5歳児クラスでは「自分の身体」をテーマにしました。あえて、身体を意識する機会を設け、さまざまな試行錯誤を通して、自分の身体に対する興味・関心を広げてほしいというのがねらいです。事例を見ていきましょう。

 自分の身体を知ろう[2]（5歳児、4～11月）

① 保育者の課題

　今年の子どもたちは、身体を動かすことがとても好きで、鬼遊びだけでなく田植えの場面でも、生き生きと動く姿があった。しかし、自由画では身体を描くことがむずかしかったり、田植えの様子を共同画で描いてみると、どの子どもも体幹を曲げて描くことができなかった。そこで、まず自分の身体を知ることを目的として、以下のねらいを立てた。

・自分の身体を動かすことで、動きを意識し、構造や部位に気づく。
・友達と一緒に、いろいろな身体の動きを楽しみながら、表現することを楽しむ。
・一人一人違いがあることを知り、色で表現することを楽しむ。

② さまざまな動きを楽しむ（4～7月）

・いろいろな生き物の動きを真似する

　4歳児から飼育していたカエルの卵からオタマジャクシが生まれ、カエルに成長していく様子を観察したり、園庭で出合う虫や、森で出合ういろいろな生き物と親しむ中で、その動きを楽しむ姿が見られる。特にプールでは、カエルになって、大きく跳ねて水しぶきを上げたり、イモリや蛇になって、音を立てずにスーッと足を動かさないように気をつけて泳いだり、思い思いの生き物の動きを真似する姿があった。

・身体を意識して動かす

　自分の身体に意識を向ける機会として、ジョイント部分で身体を動かせる厚紙人形を使った活動を取り入れる。保育者が動かした厚紙人形のポーズを、子どもたちが真似をする。すると、関節や腕の角度などをよく見て真似をする姿があった。「じゃあこれは真似できるかな？」と、実際には曲げられない角度に腕を動かしてみると、必死で真似しようとする子どもたち。そこで「あれ？　これできん……」と動かせる角度に限界があることに気がつく姿があった。また、関節で動くことができても、関節と関節の間は動かせないことにも気がつき、身体の構造に着目するきっかけになった。この活動は、ひじ・手首・肩など、各部の名称に興味をもつことにもつながった。

　その後も、保育室に置いていた厚紙人形を使って、バンザイやジャンプなど簡単な動きをつくったり、真似たりして遊ぶ中、今度は、自分が考えるおもしろいポーズやかっこいいポーズを身体のパーツを貼り合わせてつ

くってみることにした。実際に厚紙人形でポーズをつくってみたり、友達に動いてもらいその姿を見たりしながら、自分の気に入った動きをつくる姿があった。

③ 組み立て体操に挑戦する（10月）

特に身体の動きを意識できるようになったのは、運動会の組み立て体操だった。伝統として残っている競技で、4歳児のときから憧れをもつ様子がある。この競技を通して、一つ一つのポーズについて、身体の使い方を細かく意識する姿が見られるようになった。

ブリッジでは、最初、手首を反対に向ける姿が多く見られたが、そのままでは身体をもち上げられないことや力が入りにくいことがわかり、意識して手首を使う姿があった。箱座りでも、友達を支えるためにはどうすればよいのかを考える姿があり、「背中が滑り台みたいになっちょったら落ちる」という言葉が合い言葉のように発せられ、成功のコツにもなった。はじめは「痛い」や「重い」など自分の気持ちが前面に出る姿もあったが、実際に上に乗る役や下で支える役などを交代してやってみたことで、それぞれの立場のむずかしさを感じることができた。それからは、支える子どもたちは身体をくっつけしっかり手足を広げて身体を支えたり、上に上がる子どもは時間をかけないように上がったり、お互いを思いやる姿が見られた。

こうして、足首や手の置き方、ひじの伸ばし方、背中の角度を意識してポーズを成功させることや、友達を支えられず崩れてしまったりする経験を通して、どのように身体を動かせばよいのかを考える姿があった。また、となりのクラスを見たり、見られたりする経験や、鏡を使った練習によって、自分の身体を客観的にとらえ、「こう見せたい」という意欲的な姿が見られるようになった。

④ 表現（11月）

・友達とポーズを再現する──子どもの協同性

作品展に向けて、モールとストローを使った人形をつくり、生活グループで、組み立て体操の動きを再現する。まずは2人で一体の人形をつくった。2人なので必ず相手の意向を聞きながらつくる姿が見られ、グループでつくる協同作品の一歩となった。

次に、どのようなポーズにするかなどをグループで話し合う。それぞれ自分のつくりたいものが違っていて、話し合いが止まってしまったり、多数派の意見に自分の意見を合わせようとしたり、いろいろな姿が見られた。

5月くらいから話し合う場面は、意図的につくってきた[※]。はじめは2人で行う簡単な相談（答えがわかりやすいもの）からはじめ、数多く話し合う機会をもってきたことで、自分の気持ちを伝えたり、友達の気持ちに耳を傾けたりすることができはじめていたが、それでもグループの意見をまとめることはむずかしく、なかなか決めることができなかった。そこで「出た意見のポーズをつくってみたら」という提案をしたところ、候補のポーズを自分たちでつくったり、モール人形を動かしてみながら、新たに話し合う姿が見られた。

ところが、あるグループが「できた！」ともってきた3人ピラミッドは、どれもひじが曲がった状態だった。「じゃあこの人形を真似してみよう！」と真似を促してみる。しかし、子どもたちは自

※) たとえば、ジャンケンゲームで、「2人で相談をして、先生に勝つこと」とお題を出し、「先生昨日ね、カニ食べたから、カニに変身してしまいそう！」とわかりやすいヒントを出して話し合いを設けたり、「今日の給食のおかずは肉？　魚？」と、見たらすぐわかるものでも4、5人で話し合って答えを出すなどして、話し合ったことの成果を感じられるように工夫してきた。

分たちがしているポーズと、人形のポーズが違うことに気がついていないようだった。そこで、人形の関節が自分のどの関節と同じなのか確認してから、もう一度真似を提案する。そこで「あれ、これ違う」と気がつくことができ、またグループでの話し合いがはじまった。何度かやり直すうちに、自分たちで「そこはひじやったよね」「そうか、じゃあこうすれば（身体の動きをつくる）いいのか！」と気づく姿があった。自分と人形を見比べながら、手の向きや足の曲げ方、自分たちがやった組み立て体操の身体の使い方を思い出しながらつくっていくことで、あらためて手や足の置き場所や向きなどを意識することができた。

・顔をつくる──保育者の環境の構成と子どもの試行錯誤

　身体の動きと同時に着目したのは顔である。3歳児、4歳児のときに自画像を描いてきた子どもたちが、今回は、版画の自画像に挑戦してみることにした。

　まず、作品づくりをする前に、鏡で自分の顔をじっくり見る機会を取り入れた。「自分の顔とにらめっこをしてみよう！」と鏡を渡すと、思い思いに変な顔をして遊ぶ子どもたちの姿があった。近くの友達と、「私こんな顔できるで」と見せ合いながら、大笑いしてとても楽しそうである。

　その活動の中で、指でやさしく目を触りながら、まつ毛があることに気がついたり、笑うと歯が見えることに気づく姿があった。髪の毛を一本だけ取ってみて、一つ一つがとても細いことに気がつく姿もあり、自分の顔を意識してじっくり見ることで、わかったことがたくさんあった。

　自分の顔を画用紙の貼り絵でつくり、版画の原紙をつくる。特別支援の子どもたちのことを考え、白ばかりでつくるよりも顔の境界線がはっきりとわかるように、台紙には顔と異なる色画用紙を使った。子どもたちはそれぞれ自分の顔をじっくり見ながら、髪の毛を重ねて貼ったり、まつ毛を細くつけたり、口も、唇や歯などをていねいに表現し、一つ一つにさまざまな工夫が見られた。形だけでなく、使う色画用紙の色にもこだわりや工夫が見られ、版画の原紙にするには、あまりにももったいない作品ができてしまった。むしろ、版画にしてしまうことで、こだわった色や重ねて貼った工夫もきれいに線が出ないということがわかった。保育者の意図を上回る作品ができてしまったのである。

　そこで、今度は「版画のための素材」を再度選び直すことにした。いろいろな種類の毛糸、ボール紙、厚紙などの各種包み素材など、おもしろい線の出る素材を準備し、版画にしたらどう写るかというサンプルも合わせて示した。これによって、出てくる模様のイメージをもって素材を選ぶ姿が見られ、毛糸の質感を見て髪の毛に選んだり、模様が出てくる素材が楽しみで、波段ボールや果物のネットを選ぶ様子があった。また素材に合わせて、のりやボンドを使い分けたり、貼り方にも工夫が見られた。やわらかい毛糸などは、えんぴつで線を描き、その上にボンドをつけて毛糸を貼りつけるなど、子どもが考え出した工夫に驚かされた。今回も、子どもたちは試行錯誤を楽しみ、どの子どももおよそ1時間以上取り組んだ。

　版画として、インクを乗せることを前提につくった2回目は、どの子どもも浮かび上がった線に驚きと感動の歓声を上げ、とてもうれしそうな表情があった。

・心の色──抽象画に挑戦する

　形のないものを表現するという新しい表現を試みた。形を見て取る必要のない、イメージや感覚に寄った表現によって、「うまく描ける」ということから解放される子どもがいるのではないか、という思いがあったからである。

　「うれしいときってどんなとき？」という質問を子どもたちにすると、「お誕生日のとき！」など、表情を生き生きとさせながら話す姿があった。「じゃあ、うれしいときってどんな色？」と質問すると、「えー？」と顔を見合わせ、興味をもった表情を浮かべる。「正解はないよ、思いついたのをいってごらん」というと、赤・ピンク・オレンジ・黄色・虹色など、思い思いの色が出てきた。さみしい気持ちや怒った気持ちなどもそれぞれに感じる色が違う。「ぼくは怒ったら赤やけど、黒ながか」など、友達の意見を受け入れる姿が多く、「そんなふうに感じるがやねー」とお互いの違いを楽しんでいる様子があった。

　描いている中では、心は丸いというイメージをもって、さまざまな色を使う子どもが多く見られた。また、自分で場面とそのときの心持ちを物語にして描いていく子どももいれば、心の色というテーマを入り口に、感覚の赴くままに描いていく子どももいた。こうした子どもは、抽象画に向いている感覚的自由さが感じられた。

　一方、どうしていいかわからなくなってしまう子どももいて、そういう子どもには、まずは色遊びの雰囲気で投げかけた。自由でいい、感覚を前面に出す、ということをそもそものねらいに置いていたからである。そうすると、色をつくることが楽しくなり、そこにさまざまな気持ちを乗せていく姿が見られた。

　同じ気持ちでも、それぞれに色が違い、感じ方が違うことがわかるよい機会になった。

　5歳児になると、目的がはっきりとし、それに至る見通しがもてるようになります。したがって、そこに向かう一つ一つの行為が意味をもっているのだということもわかっています。作品展というトップに向かって、保育者と共に歩むことができるのです。2歳児だと、知らない間に飾られていた、何かすごかった、くらいかもしれません。5歳児には、その日に自分たちの作品が展示され、それを多くの人が見に来るのだという予測と期待があります。子どもたちは、その機運をお互いに感じ取り、日々を過ごします。これは、園の文化がつくり出す力だといえるでしょう。

　特に5歳児として特徴的であるのは、見出したことをリアルに表現したいという意欲です。4歳児は、その子特有の感性というものが色濃く反映されますが、5歳児は見えるものへのこだわりが際立ちます。それが一点に集中した作品は、どれも迫力があります。

　また、協同作品を通して、子どもは他者の意見に出合い、葛藤し、調整して問題を乗り越えていきます。そばで見ているとわかりますが、自分勝手に好きなことをしようとする子、思いがあってもいえない子、関係ないそぶりを見せる子、絶対に譲らない子など、実に多種多様な関係が見られます。それがあるからこそ、学びになるのですが、子どもたちに任せておいてもおそらく解決はしないでしょう。子ども理解に基づいた、それとない保育者の導きや段階的な機会の提供は大切です。特に、クラス全体で一斉に行う場合には、各グループの進行状況と人間関係を感度高く見極めていく目が必要です。

　ただ、4歳児以下の子どもたちと異なるところは、目的を共有することができ、何があっても、やり遂げようとする意欲がもてるところでしょう。みんなで心を合わせて何かをやり遂げた達成感は、個人製作とはまた異なる深い喜びがあるでしょう。それが、人との間で起こるさまざまな問題を乗り越える基盤となっていきます。

§3　体験の多様性と関連性

1.　体験のつながりと深まりを支えるテーマ

　『幼稚園教育要領解説』では、体験の多様性と関連性について、次のように述べています[3]。

> 　幼児は周囲の環境に興味や関心をもって関わる中で、様々な出来事と出会い、心を動かされる。心を動かされるというのは、驚いたり、不思議に思ったり、嬉しくなったり、怒ったり、悲しくなったり、楽しくなったり、面白いと思ったりなど、様々な情動や心情がわいてくることである。このような情動や心情を伴う体験は、幼児が環境に心を引き付けられ、その関わりに没頭することにより得られる。そして、そのような体験は幼児の心に染み込み、幼児を内面から変える。また、幼児を内発的に動機付ける。すなわち、その体験から幼児自身が何かを学び、そして新たな興味や関心がわいてくるのである。

　ある日、カマキリがバッタをやわらかいお腹から食べているところに出合い、別の日に、カマキリの死骸をアリが運んでいるのに出合う、そこで子どもたちは、「かわいそう」を超える命の問題を感じていきます。また、トウモロコシの種から小さな芽が出て、それがぐんぐんと伸びて自分たちを追い越し、やがて実をつけて、おいしさを与えてくれることを通して、命の「時間」を学びます。子どもたちは、一つ一つの出来事に心を動かし、興味・関心を広げていきます。

　作品展に向かって、およそ8か月以上の時をかけるのは、こうした体験の深まりとつな

がりの先に、表現をもっていくためです。テーマを設定するのは、保育者がある視点で
もって子どもの体験を読み取り、そこから次の手を考えていくためです。いわば、時間軸
における環境の構成だといえます[4]。

　このテーマが、子どもが興味をもち続けられないものだと、取り組みはとてもむずかし
くなります。そこには、園文化が深くかかわってくるでしょう。筆者の園の場合は、美し
さと独特の仕組みをもつ自然を中心に選びます。自然が独自のカリキュラムをもっている
こと、人の都合がきかないところ、そして命の基盤であることがテーマにあげる理由です。

　この自然の中から、ある年は虫、ある年は草花、ある年は身体というように、テーマを
絞るのですが、これを支えているのは、園の取り組みの歴史であり、具体的には保育者の
経験知だといえます。受けもったクラスの雰囲気、こんな姿になりそうというイメージ、
そして、保育者もまたわくわくできそう、というところから、直観としてテーマが浮かび
上がってきます。それを、職員全員で吟味し、イメージを共有して、決めていきます。

　いざテーマが決まったら、そこから体験を組織していきます。私はそれを種まきと呼ん
でいます。どんなふうに、出合いをつくるか、その出合いから何が生まれたか、それをど
う次につなげていくかといった、保育者の試行錯誤が子どもの体験の多様性と関連性を
支えていきます。すなわち、絶え間ない保育者の PDCA サイクル（Plan → Do → Check →
Action）を通じて、子どもの豊かな表現が生まれていくのです。

2.　背景にある入園から就学までの経験の積み重ね

　毎年の作品展への取り組みはおよそ 8 か月から 1 年という時間軸で考えますが、それを
支えているのは、入園からの経験の積み重ねであり、それを支えているのは、園の教育課
程や全体的な計画です。

　協同性一つとっても、一朝一夕で育つものではありません。友達とものの取り合いをし、
ときには邪魔だと突き飛ばしてケンカになる時期があり、「僕はこれがしたかった」「○○
ちゃんと遊びたくない」などといった自我の激しいぶつかりを経て、その間に、たくさん
の共感的な出来事を積み重ねていく中で、目的のために、手をつないで問題を乗り越えよ
うとする姿勢が育ちます。

　ものを見る目も同じです。草原を飛んでいる虫がすべてバッタであるところからはじ
まって、それがカマドウマだったり、コオロギであることがわかるようになります。描画
や造形に関しても、いきなり色をつくり出せたり、複雑な形の組み合わせができるわけで
はなく、それぞれの時期にどのような経験をしてきたかが、大きな意味をもちます。

　その意味で、教育課程や全体的な計画、長期指導計画と短期指導計画が、その園の文化
を体現するものとして、しっかりと立てられ、連続していることが、大切になるでしょう。

第8章　遊びを劇的表現につなぐ
生活発表会

§1　園生活の集大成としての生活発表会

　生活発表会は、多くの園で11月〜2月ごろにかけて計画されています。生活発表会という名称が表しているように、子どもたちが楽しんでいる園の生活の様子を発表するもので、保護者にとっては子どもの成長を直接見たり、感じたりすることのできる機会となっています。生活発表会は、他にも「子ども会」「おゆうぎ会」などの名称で実施される園もあります。名称の違いはあっても、園生活の集大成としての行事という内容や意味は同じということで、この章では生活発表会として述べていきます。

　生活発表会のプログラムとしては、劇的な表現活動をクラスのまとまりで発表するものが一般的です。それに加えて歌や合奏の取り組みがあったり、絵や作品の展示が一緒に行われたり、あるいは、遊園地ごっこやお店屋さんごっこのように、あるテーマを子どもが再現する中で保護者も一緒に遊ぶようなスタイルで実施する園もあります。このように多様な表現そのものを生活発表会のコンセプトに置く場合と、多様な表現方法の中から劇的な表現活動を中心に構成する場合があり、どちらの形式をとるかは、園の文化や伝統もありますし、生活発表会以外に「音楽会」や「作品展」があるかどうかなど、他の行事との兼ね合いも含めた年間の教育全体をどのように計画するかという各園の方針にもよります。

　また、子どもが発表するだけではなく、保護者や保育者、園職員も劇や合奏、手品などをあらかじめ練習しておいて披露する園もあります。そこには、自分が表現する楽しさや喜び、誰かに見てもらい認めてもらううれしさや緊張感を、参加する子どもだけではなく、保護者も保育者、園職員も同じように感じて共有しようとする意図があります。保護者が生活発表会を参観するだけではなく、共にプログラムに参加することで、子どもの気持ちに共感しながら見ることができるよう工夫しているものといえます。

　このように生活発表会は、行事の中でも園によって内容も形態もプログラムも異なる部

分が多く見られます。生活発表会は、その園らしさが集約される行事ともいえるのです。

§2　遊びを劇的表現につなぐ

　生活発表会の本来の意味からすると、子どもたちがどのようなことに興味や関心をもち楽しんでいるのか、日常の遊びをていねいにとらえることから劇的表現を構成していきたいところです。それは、そのときに在籍したそのクラスの子どもにしかできない表現活動となり、一人一人の子どもが自分の楽しんできたことを生き生きと表現する場になるはずです。

　しかし現実には、「子どもがごっこ遊びをしているときには楽しそうにやっているのに、それを劇にするのはむずかしい」とか、「子どもの表現を大切にしたいのに、保護者に見えるように、聞こえるように、立つ場所や声の大きさの指導ばかりしている自分が嫌になる」など、生活発表会の取り組みについて悩んでいる保育者は多いのです。子どもが自由に伸び伸びと表現する姿を理想としながらも、最終的に生活発表会の当日が迫ってくると、保育者が台詞を伝え、どのように動くのかを指示して、「先生が示した通りに言って動く」という取り組みの保育も、残念ながら少なくありません。保育者が劇の台本をつくり、配役を決めて、「台本通りにできるように練習する」という方法で進めている園もありますが、それは乳幼児期の発達にふさわしい実践とはいえません。大人が描く劇の完成形があり、そこに近づくことが目的となってしまうと、保育者の援助はそこに向けて子どもたちを引き上げることになってしまいます。子どもは、保育者の思いを感じ、汲み取ろうとするので、いつの間にか保育者がしてほしい動きや言葉を「させられている」姿となってしまうのです。

　こうした保育者主導の取り組みがある一方で、子どもに寄り添うあまり、劇的表現としてのまとまりやおもしろさがつくれないという実践もあります。日ごろの遊びをそのままつなげただけでは、ストーリーに無理がある、話が複雑でわかりにくい、終わりがよくわからない、間延びした劇になるなど、劇としては成り立ちません。「子どもが〜したといったので……」という保育では、あるがままの子ども自身のやりたいことに流されていて、その中で子どもに必要なことを援助する視点が不足していきます。

　生活発表会という行事を通して、クラスとしてのまとまった姿を保護者に見せることも、日ごろの教育活動の成果といえるでしょう。それとともに大切なことは、そこに至る期間に子どもたちがどのような体験を重ねてきたのかというプロセスとしての学びです。取り組みのプロセスの中で多様な資質・能力が身につくような保育をすることが、結果として、子ども自身の言葉や動きなど、表現する喜びにあふれる行事当日の姿に表れるのだと考えます。

　このようなことから、生活発表会の取り組みの方法論的課題を整理すると、遊びとしての「ごっこ」を、行事としての劇的表現活動にどのようにつなぐのかが問われているということだと思います。その際、

　　○ ごっこ遊びと劇的表現活動の類似点と相違点を踏まえる
　　○ 劇的表現活動につながるよう、環境や教材の工夫から遊びの充実を図る
　　○ プロセスそのものが学びとなるような、意図的・計画的なクラス活動の提案をする
　　○ 長期・短期の見通しをもち、必要な経験を重ねるような計画の立案をする

という4点を考えていく必要があるのです。この4点を具体的な実践場面を通して説明していきましょう。

§3　『三びきのこぶた』の取り組みから※)

（4歳児クラス 11 月〜 12 月）

1.　ごっこ遊びと劇的表現活動の類似点と相違点を踏まえる

　おうちごっこやままごと、キャラクターや動物になってのごっこ遊びは、子どもが好む遊びの一つです。自分がなりきるだけではなく、警察署や消防署、レストランやおすし屋さんごっこなど、社会生活の中で憧れをもつものや状況を再現して遊ぼうとするものです。ごっこ遊びは、年間を通してクラスの中で常に誰かが取り組んでいる遊びでもあり、その中で子どもは、見立てること、なりきること、人とやりとりすること、必要なものをつくることなど、さまざまな「〜のつもり」を楽しんでいるといえます。このクラスでも、積み木やダンボール、パネルブロックを使って遊びの拠点をつくってのごっこ遊びが盛んに繰り返されていました。こうしたことからも、「家を建てる」要素の含まれている『三びきのこぶた』（作：イギリス昔話、絵：山田三郎、訳：瀬田貞二、福音館書店、1967）は実態に即している題材だったといえます。この後の事例で紹介しますが、登園してから片づけるまでの時間をずっとレンガの家をつくり続けている子どもがいたり、耳をつけることで、こぶたになりきって家族の生活の再現遊びを楽しむ子どもがいたりしました。

　劇的表現活動は、こうした「〜のつもり」で動く、言葉を交わす、必要なものをつくるなど、ごっこ遊びと類似しています。けれども一つの劇として成立するには、起承転結の流れがあり、まとまる必要があります。先ほどの遊びの姿のように、ずっと家をつくり続けているだけの姿や、ご飯を食べたり寝たりといった家族の生活の再現をしている姿だけ

※）東京学芸大学附属幼稚園（中野圭祐教諭）の実践を当時副園長だった筆者からみてまとめたもの。

では、起承転結の流れにはなりません。ここが相違点といえるでしょう。虚構の世界の中で、（a）小さなエピソードがあること、（b）エピソードが繰り返されること、（c）エピソードの繰り返しの中で緊張感が高まること、（d）高まった緊張感が一気に解放されること、が起承転結をつくり、劇的表現活動となるのです。

　『三びきのこぶた』が劇的表現活動となるためには、（a）こぶたが家を建てると狼に家を吹き飛ばされてしまう、（b）藁の家も木の家も吹き飛ばされてしまう、（c）レンガの家も吹き飛ばされたら、いよいよ狼に食べられてしまうかもしれない、（d）狼をやっつけてこぶたはずっと幸せに暮らす、と進んでいきます。これを生活発表会で行う場合に、日ごろの子どもの遊びの姿を投影して、「ダンボールの家を建てたこぶた」や「ダンスが得意なこぶた」などのオリジナルな要素が取り込まれるのは、そのクラスらしい『三びきのこぶた』になります。しかし、狼役も子どもが演じる場合、子どもが悪役のまま終わることに抵抗があるのか、「最後は狼が謝ってみんなで仲よく暮らしました」のような原作にはない独自のストーリーを展開する保育者もいます。このようなストーリーだと収まりが悪く感じるのは、（d）の緊張感の解放がなくなってしまうからです。徹底的に悪者役を楽しむことができれば、狼も重要なキャストの一つであり最後のストーリーを変える必要はないのです。

2.　劇的表現活動につながるよう、環境や教材の工夫から遊びの充実を図る

　生活発表会まであと1か月程度となった11月初旬、週案には次のような子どもたちの姿が記されていました。

- ○　中型積み木やパーテーションを使って、キャンディー屋さん、リボン屋さんなど、場をつくって遊ぼうとする子どもが多い。保育者が積極的にかかわることで、他の子どもも客としてかかわる姿が見られる。（後略）
- ○　園庭ではパネルブロックで、秘密基地、海賊船、おうちなどといいながら、自分の場所をつくっている。組み合わせることが楽しく、新しい遊具に自分なりにかかわりながら、そこから想起されるイメージで遊ぼうとしている。（後略）

　こうした姿をさらに育てようと、「自分のイメージに合ったものをつくったり動いたりして楽しむ」ことをねらいとしていました。保育者は生活発表会の劇的表現活動のベースとなりそうな話の候補を、これまでの読み聞かせの中でいくつか検討していましたが、場所をつくって遊ぼうとする子どもが多い実態（波線部分）から、『三びきのこぶた』を可能

性として考えました。そこで、場所をつくって遊ぶもの（下線部分）に絵本のイメージを重ねられるよう、「レンガ、左官道具のコテ、手押し車」を新しく庭に置くという環境を構成しました。

① レンガのおうちにしよう！（4歳児、11月2週目）

　いつもはパネルブロックで場所をつくって遊んでいたハヤト、カズキ、レンが、レンガとコテを見つけると、早速、「せんせー、これ、使っていいの？」と興味を示している。「落としたら危ないから気をつけて使ってね」と保育者が返事をすると、ハヤトはレンガを慎重に運んで、並べていく。カズキは思いついたように、バケツとスコップをもつと、砂と水を入れてどろどろにしたものをもってきて、コテでレンガに塗っていく。ハヤトとレンも、それを見ると、同じようにバケツとスコップ、コテをもってきて、泥をつくって塗ってレンガを重ねていく。

　「レンガのおうちにしよう！」「いいね」とうれしそうにいったあとは、黙々と集中して、レンガに泥を塗って重ねる動きを繰り返していた。

② 藁のおうちもつくりたい（4歳児、11月2週目）

　庭でレンガを積んでおうちをつくるハヤトたちの姿が刺激となって、ミク、シオリ、ミサキは、「いいこと考えた！」「藁のおうちもあったらいいんじゃない？」と話している。何か、本当に藁のおうちに見えるような道具がないかと探していた。保育者も相談にのりながら、5歳児が栽培して収穫し終えた稲藁が使えないか、3人と一緒に見に行くことにした。「これ、使いたいね」「もらえるかな？」と、5歳児の保育者に聞いてみることにした。「何に使うの？」と聞かれ、「藁のおうちをつくりたいの」と答えると、5歳児の保育者は「大事に使ってね。どれくらい必要なのかな？」と4歳児の保育者と相談しながら、藁を分けてくれた。

　パネルブロックで骨組みをした上に藁を載せて家にしてみたり、保育者が木で骨組みを組み立てたところに藁をかけて家にしてみたりして、藁のおうちをつくる。家の中にレンガを運んでくると、その上に拾ってきた枝を載せてかまどにして、ごちそうをつくって食べたり、買い物に出かけて草を摘んできたり、藁の家に住む家族のイメージを楽しんでいた。

　事例①では、家をつくっているイメージでレンガや泥を扱うことが楽しく、事例②では、つくった藁の家の中でいろいろなフリや見立てをすることが楽しいという姿でした。楽しみ方は異なりますが、どちらの遊びにも『三びきのこぶた』の世界観が投影されていて、保育の中でねらっていた姿を引き出しています。

　このあと、木のおうちもつくろうという子どもも出てきて、金づちを使ってベニヤ板に角材を釘で打ちつける姿も見られるようになりました。保育者が、レンガや左官道具のコテ、手押し車などを用意して環境を工夫したことが、ごっこ遊びの中にゆるやかに『三びきのこぶた』の世界が融合していくことになりました。

3.　プロセスそのものが学びとなるような、意図的・計画的なクラス活動の提案をする

　『三びきのこぶた』は、「いろいろな家を建てるがそれが吹き飛ばされてしまう」というエピソードの繰り返しと、「狼に捕まったら食べられてしまう」という緊張感が中核となっています。そこで、いろいろな家を想像してみることや、一人一人のイメージする家の違いを表現してみたいとクラス活動を計画したのが事例③です。

　③ こんなおうちがあったらいいな（4歳児、11月3週目）

　片づけてクラスで集まると、保育者は『こんな家にすんでたら』（作：ジャイルズ・ラロッシュ、訳：千葉茂樹、偕成社、2013）という絵本の読み聞かせをした。水上住宅や洞窟の中の家など、世界中にあるいろいろな家が紹介されている。

　保育者はこれを導入としながら、「みんなはどんな家に住みたい？」と投げかけると、子どもたちは口々に自分の住みたい家の話をはじめる。そこで、それを絵に描いてみようと保育者が提案した。

　チハルは、足が生えている家を描き「おかあさんがつかれたときに　ひとりでかいものにいってくれる（家）。キャンプにもひとりで　いける。あしがはえている（家）。にわには　しいたけ。にわにも　あしが　はえている」と笑って教えてくれた。

　アツヒロは屋根がカエルの顔をした家を描き「うみにいるカエルのいえ。うえのドアから　さかなつりもできる。2ばんめも、3ばんめも、4ばんめも、どこからでも　さかなつりが　できまーす！」と、自分の住みたい家を説明してくれた。

　それぞれの子どもの絵と家の説明について、降園前の集まりやお弁当の準備の時間などで紹介していくと、「えー！」とか「すごーい！」などの歓声や笑い声で盛り上がった。

　足が生えている家を考えたチハルは、食べ物の中でしいたけが好きという子どもでした。庭には自分の好きなしいたけが生えていて、その庭にも足が生えているところがユニークです。少し前に母親の体調が悪い時期があり、おうちが歩いて買い物に行ってくれたら便利だなあと素直に思ったのでしょう。チハル自身の好きなものや家族の状況が、こんな家があったらいいという空想に反映されています。アツヒロの家は、保育者が読んでくれた絵本の一部から、空想を広げたもののようでした。このようなクラス活動の機会が、子どもたちに「おうち」をイメージする楽しさと、いろいろな家をみんなで考えた一体感をもたらします。また、それぞれの家についての紹介を通して、互いのよさを受け止め合う機会ともなりました。それぞれが自由に発想できることが許され、それでいて同じテーマでつながることができる状況が、個と個をつないでクラスとしてのまとまりを育てるのです。保育室の壁面に飾られたさまざまな家は、個性にあふれていて、まさにクラスの縮図のようでした。

　生活発表会に向かって取り組みを進めていく時期ですが、直接的に『三びきのこぶた』につながる活動ではありません。しかし、その中に出てくるモチーフである「家を建てる」という部分をしっかり子どもたちと楽しむことができるクラス活動となりました。いろいろな家のイメージを広げることで、どんな家を建てようかと考えたこぶたの気持ちになったり、いろいろな家がある中での「藁のおうち」「木のおうち」「レンガのおうち」なのだという表現力につながったりすると考えます。

　もちろん、クラスで集まってみんなで『三びきのこぶた』のストーリーを楽しむ機会も重ねてきました。はじめは保育者が狼役を演じ、子どもたちがこぶたになって、保育者とのやりとりを楽しむ段階から、次第にどのこぶたになりたいか相談したり、狼をやりたい子どもが出てきたりして、少しずつ子どもの意見を取り入れながら経験を重ねていきました。すると、子どもの好む役がレンガのおうちをつくるこぶたに集中していき、役の人数が偏るようになりました。

 ④ 藁のおうちと木のおうちのこぶたがいなくなる（4歳児、11月3週目）

　保育が終わって職員室に戻ってきた保育者は、「困ってるんですよね。子どもたちが、藁のおうちや木のおうちのこぶたになりたがらないんです。どうしようかな……」と話しはじめた。いろいろ話すうちに、「せっかくつくったおうちを吹き飛ばされる役は嫌だよね。でもそこがないとストー

リーがおもしろくないし、このジレンマをどう解決したらよいのだろうか」という話になった。保育者同士で話し合う中で、役がいなくなってお話がつまらなくなったという体験がまずは子どもたちには必要だろうと考えた。その上で、

　　・こぶた役は、最後に全員でレンガのおうちをつくることにする（これは2軒目の家とする）
　　・1軒目は藁のおうちか木のおうちをつくって吹き飛ばされるシーンを演じる

　これなら、みんなやりたい役ができて、エピソードの繰り返しの中で緊張感が高まる場面をつくることができそうということになった。

　実際に、次の機会にこのことを提案すると、もともといろいろな家をつくることは楽しんできていたので、2回、家をつくることができるということを子どもたちは喜んで受け入れました。

　さて、次に教材研究が必要になったのは、これまで庭で楽しんできたレンガや藁、木のおうちをつくってのごっこ遊びを、劇的表現活動の場面でどう転換していくかということでした。

　　・こぶた役の子どもは多く、みんなが家づくりに参加できる必要がある
　　・家をつくる過程を表現したいが、吹き飛ばされる場面も必要になる

　この2点を考えて、保育者は積み木を使うことにしました。積み木を使うことによって、置く、積む、重ねるなど、子どもが操作することで家をつくる過程が表現でき、積み木をもって動くことで吹き飛ばされる場面を表現することができます。積み木は、劇の小道具ということです。小道具を保育者がすべてつくってしまうのではなく、クラス活動の中で、「こぶたのおうちをつくる材料が必要だね。こんなものを考えたんだけど……」と提案し、それを子どもたちと一緒につくる時間も計画しました。必要なものを同じ役の子どもと一緒につくることを通して、「これを使って一緒にやるんだ」という気持ちがさらにふくらんでいきました。

⑤ 吹き飛ばされる表現を考える（4歳児、11月4週目）

　積み木に絵を貼って、藁、木、レンガに見立てられる小道具ができ上がると、さっそくそれを使って『三びきのこぶた』をやりたいということになった。こぶたが家を建てる場面には保育者が事前にこぶたの歌を導入していたので、うたい終わるまでの間に積み木を運んできてそれを組み立てようという雰囲気がある。

　狼とのやりとりで吹き飛ばされる場面になると、ほとんどの子どもは積み木を手でもって、それを運んでいく。その中で、ショウタが少しふざけたように、笑いながら積み木をもってぐるぐると回っている。保育者はその姿をとらえると、「ショウタくん、いいね！　本当に吹き飛ばされているみたいに見えるよ」といった。それを聞いた他の子どもたちも、ショウタの動きを真似して、ぐるぐる、回りながら積み木を運びはじめた。保育者が狼役の子どもたちに「どうだった？」と聞くと、「本当に飛んでいるみたいだった」「ぼくたちがさ、ふうふうのふーっていったら、飛んでいくといいんじゃない？」「順番に飛んでいくのは？」「じゃあ、最初は男の子のこぶたが飛んでいって、あとから女の子が飛んでいったらいいんじゃない？」といろいろな考えが出て、それを試しにやってみることになった。

　遊びの中では延々とレンガの家をつくっていた子どもたちでしたが、劇的表現活動の中では、歌があることで、その間に家をつくるというようにテンポよく話を進めることができました。教材の中でも音や歌は効果音として使えるだけではなく、歌詞がナレーションの役を果たしたり、時間的な区切りを示したりするものとなっていることがわかります。

　小道具をつくること自体は保育者からの提案でしたが、それをみんなでつくったことが、次の劇的な表現活動を早くやりたいという子どもの意欲を高めています。この日の劇的表現活動では、積み木を使って「家を建てる」「吹き飛ばされる」場面をどのように表現するかということがポイントでした。保育者は、子どもが積み木をどのようにもつのか、運ぶのかに注目していたので、ショウタの姿が目に留まったのです。子どもが自分のイメージに合わせてものを使って表現する姿をしっかりと援助することができました。このように、取り組みのプロセスを一つ一つ大切にしながら、そのときの保育のポイントを保育者が明確にもち経験を重ねていくことが重要です。

　園庭での遊びに使われていたレンガですが、生活発表会後は、その特性を生かした本来の目的に合わせた使い方もしてみました。レンガでかまどをつくり、スープを煮ることを計画したのです。『三びきのこぶた』では、最後は狼が煮えてしまう話でしたが、保育では豚肉と園で育てた野菜を入れてスープをつくり、ぶたが煮えてしまうというユーモアを楽しみました。また2月の節分の際には、レンガを別の形のかまどにして、豆を煎り、イワシを焼き、鬼を祓いました。

　最終的には、角が丸まりもろくなってきたレンガを、花壇の一部として埋めました。遊

びの環境として取り込んだレンガで
したが、その活用方法を次々と考え、
生活に取り入れて使うことに展開し
たことで、自分たちの暮らしを充実
させる喜びにつながりました。

4. 長期・短期の見通しをもち、必要な経験を重ねるような計画の立案をする

　次ページ図表 8 - 1 は、『三びきのこぶた』の取り組みに関連する遊びや活動に限って、週案から抜き出したものです。関連しているものに矢印を引いてみたところ、子どもの遊びの実態をとらえてクラス活動に取り入れたり、クラス活動での経験が遊びにつながったりしていることがわかります。子どもたちの興味や関心が、関連性をもちながらつながっていくことで、遊びもクラス活動も充実していくということができます。

　また生活発表会は、日ごろの園生活の集大成でもあるので、それまでにどのような経験を積み重ねてきたのかも表れます。言葉による表現、身体による表現、身につけるものや大道具小道具をつくる造形的な表現、歌や楽器などの音楽的表現などが総合的に含まれます。急に、新しい歌を入れても、子どもがその歌を好きになってうたい込むまでには時間が必要です。生活発表会が近づいて、歌も、踊りも、絵も……など、次々と課題のように新しい活動を入れ込む保育は、保育者にとっても子どもにとっても苦しく、できるだけ避けたいことです。

5. 取り組みの中でどのような資質・能力が育っていたのか

　生活発表会という行事が年間計画に位置づけられていることによって、遊びからクラス活動につながり、クラス活動がまた遊びにつながり、子ども自身の主体的な活動としての遊びが充実し、意欲的に劇的表現活動へ取り組む姿となりました。取り組みのプロセスの中で、さまざまな資質・能力が育つような保育を構想していますが、その一部を示したものが図表 8 - 2 (本書 p.150 参照) です。

　家をつくって遊ぶこと、家をイメージして描くこと、劇的表現活動の中で家をめぐるいろいろな表現を考え合うなどの具体的な活動を通して、「知識及び技能の基礎」「思考力、判断力、表現力等の基礎」「学びに向かう力、人間性等」(各要領・指針等) などのいろいろな力が得られたことがわかります。生活発表会当日のできばえだけではなく、むしろプロセスの中でこうした力を育てていることを保育者は意識していくことが重要なのです。

図表 8-1　『三びきのこぶた』に関連する遊びや活動の流れ

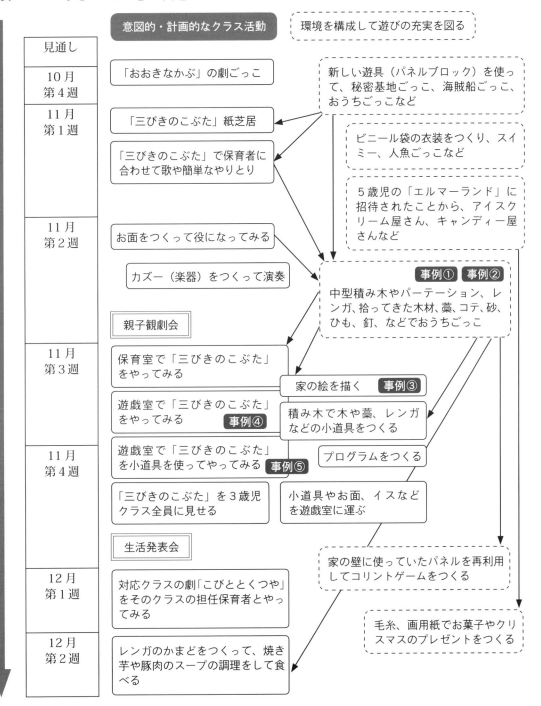

図表 8-2 『三びきのこぶた』の事例を通して育つ資質・能力

「知識及び技能の基礎」	「思考力、判断力、表現力等の基礎」
・レンガ・コテ・金づち・釘などさまざまなものの特徴を知り、使い方を知る ・収穫後の稲藁がいろいろに使えることを知る ・いろいろな道具を安全に気をつけて使う ・状況やタイミングに合わせ、動いたりおどったりする	・レンガと泥で家をつくる方法をいろいろ試す ・イメージに合わせてものをつくったり組み立てたりして表現する ・どんな家があったらおもしろいか、自分なりに考えてみる ・自分の考えた家をオイルパステルを使って表現する ・自分のイメージしたことを、友達や保育者に言葉で説明する ・家が吹き飛ばされる場面を考えて表現する

『三びきのこぶた』

・必要なものを協力してつくる ・保育者やクラスの友達と一緒に『三びきのこぶた』の世界を楽しむ ・友達の考えや気持ちを聞いたり、受け止めたりする	・うまくいかないことが出てきても、何とか最後までやろうとする ・保育者や友達に、自分の考えや思いを伝える

「学びに向かう力、人間性等」

- -

保育者の援助・環境構成・教材の研究

長期・短期の指導計画

 発達に応じた生活発表会での取り組み

○5歳児：クラスの目標に向かって協同的に取り組む

　生活発表会を何度か経験してきている5歳児にとっては、友達と一緒に劇的表現活動をすることの楽しさや、行事までの見通しももつことができています。今日の取り組みのよかったところ、明日はどんなことをしたいかを出し合うことで、目標に向かって今は何をしたらよいのかがわかって取り組みを進めることができます（写真はその日の取り組みを示した掲示物）。

○3歳児：保育者と一緒にイメージの世界を遊ぶ

　3歳児では、行事が終わってからその行事の意味が何となくわかるものだと思います。保育者と一緒に遊ぶことが楽しいという繰り返しを、保育室でも園庭でも遊戯室でも……と重ねたいと思います。見てもらうことに意識を向けるよりは、そのときそのときを保育者と一緒に遊び、喜んで動く姿そのままを見てもらえるようにしたいと考えます。

§4　生活発表会で留意すること

1.　劇的表現活動を支えるものとしての環境の構成・教材研究

　子どもは、お面や耳、しっぽなどの身につけるものがあると、そのつもりになったり気分が高まったりします。一つでも身につけることで、身体表現を引き出すものとなります。一方で身につけるものをつくり過ぎると、それを身につけることに気持ちが奪われたり、身体が動きにくくなったりして、かえって子どもの表現を狭めてしまうこともあります。

　背景などの大道具をクラスでつくることは、そこに向かう意識や気持ちを高めます。しかし、つくることに追われてしまって、それを使って遊んだり活動したりする時間がなくなることは、本来の目的から外れてしまいます。道具は、あくまでも子どもの劇的表現活動を支えるものであるということを確認し、できばえを比較されるプレッシャーから必要以上にものをつくりすぎたり、子どもに求めたりすることはないか見直す必要があります。

　絵本、歌、BGM、ダンス、体操などの教材研究も重要です。同じ曲でもオーケストラ編集なのか、英語の歌声入りなのか、ピアノ演奏なのかなど、アレンジによって雰囲気が変わります。意図に合わせて選択できると効果的です。BGM の時間の長さを場面に合うように編集したり、子どもの動線を考えて空間の使い方やものの置き方を考えたり、目印となるものを貼ったりして、子どもが動きやすい環境を構成していきます。

2.　子どもの実態にふさわしい場所や形態を考慮する

　生活発表会をどこでどのように行うかという場所や形態の問題も、保育には影響します。園で一番大きな場所である遊戯室等で実施する園が多いと思いますが、園の規模によっては、園内ではなく地域の会館や講堂などの外部会場を借りて広い場所を確保するという場合や、午前と午後に分けて半数ずつで実施する場合もあります。外部会場では、当日の特別感や華やかさはありますが、日ごろの使い慣れた場所ではないために、慣れない場所への抵抗や緊張が強いと、子どもの力が十分には発揮できないことも予測できます。クラスや年齢ごとに期日を変えて園内で行う方法もあります。その場合は、時間に余裕をもち、親子で楽しみながらの会を企画できるメリットがある一方で、他の年齢等の育ちを参観できないなどのデメリットもあります。どのメリットを選択して場所や形態を決めるのか、子どもの実態にふさわしい運営の在り方など、園としての方向性が問われるところです。

　遊戯室を使った生活発表会でも、その場所の使い方を柔軟に検討したいものです。たとえば、遊戯室の中央を舞台にして、円形劇場のような使い方もできます。また、舞台と客

席を反対にすることで、段差の高い場所から見下ろすことができ、かえって参観しやすいという使い方もあります。3歳児などは、保育室で生活発表会を実施することで、いつも通りクラスで集まって楽しく活動しているそのままを参観してもらうことも可能です。

3. 保護者との連携を図る

　生活発表会は、保護者からの期待も高い行事です。結果としてのできばえを求める保護者や、わが子を他児と比較していらいらする保護者も少なからずいるのが現実です。実際に行事の当日、生き生きと自信をもって動く子どもの姿がそこにあるように、保育を進めることが大事です。それぞれの子どもが同じ程度の出番になるように、またそれぞれの役に光が当たり見所があるように構成するのも、保育者の役割です。

　さらに、取り組みのプロセスで育つものや子どもの変化を知らせることで、一人一人の表現する姿の見方を伝え、発達の状況を保護者にも理解してもらう必要があります。保護者に取り組みの意味や意図が伝わるよう、保護者会や行事の案内、クラス便り、ホームページなどを通して、保育者の意図や思いを発信していくことが求められています。

 さまざまな表現媒体を使用する（5歳児の実践例）

○ブラックライトとパネルシアター（写真左）
　「暗い海の中で、いろいろな生き物に出合う」場面をどうやって表現するか考えていく中で、「本当に暗くしたい」という子どもの思いを生かすために使用しました。

○実物投影機・書画カメラ（写真中央）
　昆虫が好きで、採集や描画を繰り返していた子どもを、どのように劇的表現活動に位置づけるか悩みました。その子どもが得意とするところ、好んで繰り返していたことは細密な絵を描くことでしたので、それを位置づけようと実物投影機を使用することにしました。この絵がきっかけとなって「いきものたんけんたい　たんけんにいく」という創作劇ができました。

○ペープサート（写真右）
　「はらぺこあおむし」がどのようなものを食べたか、たくさん想像してお話をふくらませました。写真は、ペロペロキャンディーがクリスマスバージョンになっていることを絵で表現したものです。描くことでいろいろなイメージを表現するには、ペープサートがちょうどよい大きさでした。

※）東京学芸大学附属幼稚園（山崎奈美教諭・廣川朋也教諭・玉井知左恵教諭）の実践から。

演習課題

写真：篠木眞

 この写真から、保育者は何を保育のねらいにしていると思いますか。
考えてみましょう。

この写真から、保育者は子どもとどのような体験を共有していると思いますか。考えてみましょう。

Part 4

子どもの表現と保育者

Shinoki

このパートで学ぶこと　　パート4では、子どもの表現活動を支える保育者の役割について学びます。まず、保育者は、子どもたちが主体的に物事を選んでいく際の人的な環境です。したがって、さまざまな表現活動を楽しんでやってみせることが大切です。その中で、苦手意識をもつ子どもを見極め、どこにつまずきを感じているのか理解し、ゆっくりと励ましながら導いていきます。同時に、発達に合った教材研究も大きな位置を占めています。保育者自身が知的好奇心をもって試行錯誤を続けていくと、やりがいのある楽しい仕事になります。

また、遊びと一斉活動におけるそれぞれの特徴を生かしながら、ねらいに応じて指導計画を立てることの必要性も学びます。その際の長期指導計画と短期指導計画の意味も学んでいきましょう。

第9章　子どもの表現と保育者の援助

§1　子どもとのかかわりの中で

1.　表現する保育者

　子どもにとって表現することは、本来とても楽しいものであり、喜びです。それだから
こそ、さまざまな試行錯誤が生まれます。しかし、この喜びは、保育者の「しなければな
らない」「するべきである」という視線や態度のもとでは、急速にしぼんでいきます。「し
なさい」といわれると、やる気がなくなるというのは、誰しも経験のあることでしょう。

　子どもを表現へと導いていく保育者の援助として大切なのは、「表現すること」を楽し
んで見せることです。保育者の楽しそうな様子、真剣な様子、かっこいい姿が子どもの心
を引きつけ、子どもの「選ぶ」という行為を導きます。保育者のそばで、楽しい気持ちで、
真似したり参加したくなるのです。子どもは、選ぶ主体であり、保育者はそれを導く環境
です。

　うたうことも、おどることも、描くこともつくることも、そして演じることも、保育者
がそこにあるおもしろさを理解して表現することが、子どもの意欲を高めていきます。リ
ズムを共有することに楽しさがあるのに、リズムがちぐはぐではいけませんし、色の美し
さに気づいてほしいのに、淀んだ色になる組み合わせを置いてもいけません。リズムよく、
それを楽しそうにすることが大切ですし、色を混ぜながら、できた色に合わせて「わぁ！」
とドラマチックな表情や声を、自分らしく表してみることが必要だったりします。表現す
る「楽しさ」「おもしろさ」「やりがい」をモデルとして伝え続けられる保育者が、専門家
なのかもしれません。集まる場面で、一向に集まろうとしない子どもたちを前に平静でい
ることは、なかなかむずかしいものです。経験が少なければ少ないほど、声を荒げたくな
るかもしれません。「集まらない」には、一人一人、それぞれの理由があります。そうし

たくなる子どもの心情を読み取り、そこに寄り添いながら動じない表現者としての保育者になることが、専門家としての道でしょう。

　そのためには、保育者自身の経験もとても大切です。自分の中にまったくないものは、表現できません。歌が苦手な保育者は、下手でもうたう喜びがわかる経験が必要ですし、描くことが苦手でも、できた喜びを感じられる人にならなければなりません。ダンスも恥ずかしがっている場合ではありません。無理に習いに行く必要はないでしょう。どこに心地よさや楽しさがあるのか、自分自身に問いながら、それを感じようとする視点がいるのです。そのような意味では、保育の仕事はかかわる分野がとても広く、大変なところがあるかもしれません。しかし、どの保育者も、専門家としての必要感からスキルを磨き、乗り越えていくものです。

2.　苦手な分野のある子どもへの対応

　上述の話に通じますが、どの分野においても、それを苦手とする子どもはいます。うたう自分や、おどる自分をイメージできなかったり、みんなが同じことをしているのに違和感をもったり、その課題をむずかしく感じたり、恥ずかしかったり、理由はいろいろあります。

　いずれにしろ、「すべきである」という保育者の態度によって子どもに緊張を強いていくことは、逆効果です。何度もいいますが、そのような状況で彼ら自身が表現する喜びを見出していくことは、非常にむずかしいですし、子どもにも気の毒です。

　保育者がすべきことは、楽しさやおもしろさをモデルとして表現すること、そして個別の援助と待つことです。何につまずいているのかについて、彼らの言動から分析し、その心持ちに寄り添いながら、個別に援助を重ねます。その時間は、温かいまなざしだけの数秒かもしれませんし、ちょっと投げかけてみる3分かもしれませんし、じっくりとつき合う30分かもしれません。いずれにしろ、その子どもにきちんと保育者が向き合っていることをその子ども自身が感じることが大切です。子どもは、そこに希望をもつからです。

　たとえば、みんなと同じことをするのに違和感をもっている子どもは、まだ、そのクラスに所属意識をもてていない可能性があります。そうした場合には、遊びの時間を通じて、その子どもとインフォーマルな関係をつくっていくことが大切になります。一斉活動に参加しない子どもは、おおむねこの傾向があります。その他、第5章で見た描画の事例（本書p.107参照）のように、どう描いていいかわからない子どもには、手順を踏んで伝えていく必要がありますし、コラム（本書p.86参照）にあった見て真似ることが苦手な子どもには、言葉で伝えていくことが必要です。逆に、耳で聞いてわからない子どもには、絵で示すことが有効でしょう。また、リズム感に問題がある子ども、リズムに乗って身体を動

かすことがむずかしい子どもの中には、家庭において常に緊張した生活を強いられていることが影響している可能性もあります。その場合には、いかに安心してリラックスできるかが重要であり、根が深い場合もあります。

そうした、一人一人が必要とする援助を見極めながら、子どもの心が少しずつ動いていることを繊細にとらえ、「ここだ！」「いまだ！」というときまで、ずっと待つのです。特に、家での情報も重要です。興味が出てくると、確実といってよいほど、家でうたったり、練習したりしています。おせっかいでもない、放任でもない適切な援助は、多くの情報によって導き出された子ども理解から生まれるのです。

子どもは、自分ができていないこと、やっていないことを一番よく知っています。それ故に、孤独です。その活動の楽しさやおもしろさを粘り強くモデルとして伝えながら、苦手な部分を見極め、その克服の仕方を考え、長い時間をかけて、その子ども自身が、その苦手な気持ちを克服していくことが大切です。苦手なことが好きになったり、嫌いではないと思えるようになると、その子どもは生きることがとても楽になるでしょう。

3. 教材研究と環境の構成

多くの事例を通して見てきましたが、子どもへのかかわりと同じくらい、教材研究と環境の構成が大切です。なぜなら、保育者が構成する環境の中でしか、子どもは行動できないからです。その範囲内でしか、選ぶものはありません。

教材研究では、子どもの興味・関心を引きそうなもの、発達に即しているもの、子どもにとってやりがいのあるものなどを考えます。選曲、小麦粉粘土の固さ、紙の大きさ、ままごと道具、空間を区切るもの、何を、どのように準備するか、それをいつ、どのように置き、子どもに投げかけていくかで、子どもの反応や動きは大きく変わってきます。

このような保育者の教材の工夫や環境の構成は、どれ一つとってもかなりの時間を必要とします。ある年、5歳児クラスで作品展に「ひまわり」を描きたいと計画しました。中心的なねらいは、部分と全体の統合です。花の部分を知り、その部分が統合されて花という全体があるのだということを、体験を通して学ぶことが目的でした。5歳児にふさわしいねらいでしょう。

そこで、ひまわりを種から育てたところ、夏休み直前に咲いてしまって描けませんでした。しかし、背比べをしたり、花びらを並べたり、分解して虫眼鏡で観察したり、種を食べたりしたひまわりへの思いは強く、いろいろと考えた末、秋咲きのひまわりを調べて、再挑戦しました。ところが、それは運動会への気運が高まるまっただ中に咲いてしまいました。じっくりと描くどころではありません。「描ける時期に咲かす」ということよりも、「咲かなかったら不安」という気持ちが先行し、植えるのが早かったのです。そこか

ら、さらなる教材研究がはじまりました。もう、ひまわりは描けません。花びらのきれい
なパンジーを候補にしましたが、分解すると、おしべとめしべが小さすぎて、「部分がわ
かった！」という気持ちが感じづらいということがわかりました。そうして、いろいろと
悩んだあげく、実は園庭によく咲いているコスモスが、ひまわりと同じ花の構造をもつこ
とに気づき、それに決定しました。自然を相手にするということは、保育者の都合で物事
が運ばないということを、実感した出来事でした。

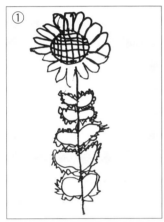  

① ひまわり：6月　遊び時間にスケッチ。中心部分が、よく見る格子縞で表現されている
② コスモス：11月　部分と全体が同時に表現されている
③ コスモス：11月　真ん中は、格子縞でない。部分の観察が生かされている

　このとき、「描けなかったらどうしよう」と、心底焦りを覚えたことも確かですが、や
はり試行錯誤の末の思いつき、発見、成功の喜びは深く、本来、教材研究はとても楽しい
ものだと思います。環境の構成として、考えた教材をどのタイミングでどの配置で構成す
るかを考えることも、いろいろとやってみては改善していくことも、どこかわくわくする
ところがあります。保育者自身が、そのときのねらいを中心において、試行錯誤を楽しむ
ことが保育を豊かにしていきます。

§2　さまざまな保育の方法

　保育は、その形態として、遊び（自由な活動）と一斉活動（クラス全体で行う活動）に大き
く分けることができます。遊びは、その時間内で好きに活動を選べるものであり、一斉活
動は、ある時空間を限定して、その活動の展開について保育者がリーダーシップを取って
いきます。遊びのよさは、自由と責任のバランスにおいて、楽しいこともつらいことも、

すべて自分の内面に深くかかわって、出来事が起こります。そこで学ぶことは、確かなものです。一方、一斉活動は、その時期に大切だと思われる経験、たとえば、はさみの使い方や季節感を感じられる歌などを効率的に投げかけることができます。子どもの経験の幅を広げ、みんなですることの楽しさや新しい経験の場になります。

　また、保育者が計画したことについて、遊びの時間の中で、教材を準備しておき、たとえば「ひな人形をつくろう」と提案して、好きなときにつくるという形を取ることもあります。また、5歳児になると、自己課題をもって、遊びの時間に自分たちで何かを練習することもあるでしょう。

　保育者は、目的やねらい、条件に応じて、どの形態でやっていくとよいのか考えていく必要があります。表現のどの分野においても、遊びと一斉活動、課題の投げかけがバランスよくかみ合い、連動していることが大切です。

1.　歌やダンス（リズムに乗る活動）

　歌をうたったり、ダンスをする場合、幼児教育では、友達や保育者と楽しむことに主軸があり、個人レッスンが目指すような技能の習得や芸術性は、あまり問題とされていません。楽しくうたい、楽しくおどる中で、できることが増えていくことが大切です。

　遊びの時間に、CDでダンスの曲を流すと、好きな子どもが集まってきておどりはじめます。この利点は、楽しさのモデル性が増幅すること、興味をもった子どもが自由にできること、園庭であれば、異年齢の活動に興味・関心をもつこと、などです。好きな子どもが楽しみながらレベルアップしていく姿は、他の子どもの大きな刺激になります。

　歌の場合は、気分の共有が前提にあるため、遊びの時間に計画的な環境の構成をすることはむずかしいでしょう。その情景や場面がやってきたときが、チャンスになります。保育者がカメを見ながら、カメさんの歌を口ずさんだり、楽しそうにうたうと、子どもも合わせてよくうたいます。2歳児の男の子とチューリップを見ながら最初のワンフレーズだけを延々と一緒にうたったこともありました。遊びの時間に歌を楽しめることの大きな利点は、気分の共有という共感性の高い関係性を子どもと結べることです。歌が好きになる、もっとも大切な場面といえるかもしれません。

　歌やダンスは覚えるときの効率性の上からいっても、一斉活動が多くなります。一斉活動は、興味をもっていなかった子どもや、経験の少ない子どもが出合う、貴重な機会にもなります。クラスのまとまりがないうちは、必ずといってよいほど、外れている子どもがいます。そんなとき、保育者は、「なぜ、やらないのか」という態度を示すのではなく、「そうした心持ちをもっているのだ」ということを受け止め、保育者としてそこに向き合い、粘り強く信頼関係をつくっていく必要があります。そこではじめて、その子どものや

る気を支えることができるでしょう。その意味では、心身の同調性が求められる歌やダンスは、クラスのまとまりがわかる試金石ともいえるでしょう。実際にはなかなかむずかしいものですが、みんなが気持ちを一つにして、楽しくうたったりおどったりできることの幸せは、また格別のものがあります。

2. 描画・造形

　描画や造形は、まず遊びの時間の環境の構成として、自由に扱える材料や道具が常に置いてあることが大切です。それらを手に取って自分のペースで取り組めることが、子どもの経験を深くしていきます。

　一斉活動を取り入れていく利点は、経験の浅い子どもへの機会となること、それぞれの技能や意欲のもち方を見られること、苦手意識やつまずきの有無がわかることでしょう。してほしいことがいっぺんに終わるという利点もありますが、代わりに、すべての子どもに等しく動機づけができ、困ったことやわからないことにつき合えるかというところでは、むずかしさがあります。手が止まってしまった子どもには、あとでいくらでもチャンスがあることを伝えるなどして、個人のペースにつき合える余地を残すことが大切です。

　また、作品展で展示するような、学びの節目となる作品をつくる場合は、副担任の保育者に他の子どもたちをお願いして、一日に何人か、少人数で取り組んでいくとよいでしょう。ティーム保育でなければできないことですが、2つの利点があります。一つは、孤独に作品に集中するその子どもの精神的な支えとなることです。写真のように、そばにいるだけで、子どもの集中力は高まります。もう一つは、逐次その子どもの作品づくりの過程に応じて、援助ができることです。絵の具の色を新しく出すことや、水を入れ替えること、足りない材料を調達してくることなど、子どもにはできないさまざまな気づかいが、子どものイメージの実現の手助けになります。

3. ごっこ遊びと劇づくり

　ごっこ遊びは、子どもたちで紡ぐものです。保育者がほとんどお膳立てした「レストランごっこ」や「お店屋さん」で、子どもが売り買いする姿を、ごっこ遊びだという実践を見ることがありますが、それは、ごっこ遊びとはいいがたいものです。なぜなら、この遊びの醍醐味は、子ども自身の絶え間ない思いつきが、子ども同士の応答関係の中で実現し

ていく過程にあるからです。歌やダンスは、曲が終われば終わりであり、描画や造形にも、描き上げた、つくり上げたという終わりがわかりやすくありますが、ごっこ遊びにはそのような終わりはありません。絶え間なく、アイディアを出し合いながら動き続け、つくり続けていくのがごっこ遊びです。その終わりは、おもしろくなくなったときでしょう。子どもたちの心の動きにしたがって、消えたり、立ち上がったり、盛り上がったりする、独特のダイナミズムをもつのがごっこ遊びです。したがって、これは遊びの時間にするものであり、一斉活動では、なかなかできないものでしょう。

　この日常のごっこ遊びが、生活発表会などの劇づくりの基礎になっていきます。保育者は、劇をつくり上げていく過程で、さまざまな要素が絡み合って動き続けているごっこ遊びやその他の遊びから、子どもが何を楽しんでいるのかを読み取り、それを劇として再現可能なパターンへと導いていきます。それぞれの子どもたちのすることが決まったら、それを構成して劇としての流れをつくらなければなりません。そのときには子どもたちが、自分たちのすることがわかると同時に、他の子どもたちのしていることもわかっている必要があります。劇という全体に、自分たちがどう位置づいており、仲間は何をやっているのかがわかっていないと、○○組の劇ができたとは思わないからです。したがって、保育者はあるグループのやっていることやおもしろいことを他の子どもたちに伝える機会をもったり、それぞれのグループを見合うというようなクラスの活動を適宜入れていく必要があります。劇ができ上がっていくにしたがって、一斉活動が大きな役割を果たすようになるでしょう。生活発表会（劇づくり）はその展開において、保育者の子ども理解が非常に大きなウェイトを占める、とてもむずかしい行事だといえます。

　以上見てきたように、遊びの時間と一斉活動でできることには、質的な違いがあります。保育としては、どちらも大切な活動です。ねらいを中心において、それぞれの活動を連動させることによって、確かな学びが生まれます。この適切な連動性を支えるのが、指導計画です。次に、指導計画の問題について、考えていきましょう。

§3　保育を構想する指導計画

1．明日の保育を構想する

　保育者は、そのクラス集団のリーダーであり、さまざまな決定権をもっています。クラスの環境として何をどのように置くか、いつ何をするのかを決めるのは保育者であり、そこに責任を負っています。行き当たりばったりの保育では、子どもの体験の多様性と関連

性とそこにある教育的価値を見出すことができない故に、保育としては質の低いものになります。

　保育者は、その専門性の一つとして、明日の保育を構想することが求められます。構想するとは、いくつかの保育の要点を幼児の実態から見出し、頭の中でそれを構造化することです。それは、物的、空間的環境の構成と時間的環境の構成の2つの方向性をもちます。何をどう置くか、いつ、何をするかを考え、そこに子どもの姿をイメージとして乗せていきます。そして、教育的価値としてのねらいを定め、そのために自分がどう援助できるかを考えることが、保育を構想するということです。

　栽培したトマトの絵を描きたい2歳児には、どの紙の大きさがいいだろうか、いつの時間帯が集中してできるだろうかと考えたり、なりきる楽しさを知ってほしい、お医者さんのフリをしている子どもがいたから、聴診器を出してみよう、明日はそのやりとりを一緒に楽しもうといったように、保育をイメージしていく力が大切です。イメージするからこそ、自分の構想と実際のズレにも気づくことができます。そのズレを埋めていくことで保育者の経験知は広がり、深まっていきます。

　明日の保育を構想することは、前日の子どもの姿からの予測と同時に、その先の見通しからの逆算という側面が必要です。たとえば、新しい歌を覚えるとき、歌詞を覚え、メロディを覚え、伴奏に合わせてうたうまでを一日でやり遂げることはまずありません。したがって、そこに至る過程全体を見通した上での「今日」という時間的環境の構成が必要です。ここに、週案がかかわってきます。そして週案は月案、年間指導計画といった長期指導計画にかかわっており、それを大きくくるんでいるところに教育課程や全体的な計画があります。これらはすべて、連動して働いています。

　作品展や生活発表会、音楽会への取り組みも、保育を構想する指導計画の短期と長期の連動性が大切です。それが、体験の多様性と関連性を保育者の環境構成を通して保障していくからです。

2. 保育者の経験知と長期指導計画

　小川博久は、「指導計画」（案）を立てるという仕事は、保育者が一人一人の子どもの明日の行動をどう予測し、それにどう備えていけるかを、過去の子どもの行動を振り返ることで構想することであり、それは、子どもの志向性に応えられる援助をするためのイメージトレーニングであると述べています[1]。この短期指導計画とは逆に、あらかじめ個人を超えた子どもの活動の在り方を想定して立てられる長期指導計画は、いわば時間的な環境の構成であり、集団生活の全体像をイメージとしてつくられた、その園の慣習性を自覚化する営みであると述べています[2]。それは、子どもの活動の積み重ねから生まれた短期指

導計画を年間にわたってたどり、それを数年にわたって蓄積したものから生まれるものであり、保育者や子どもたちの意識の中に、生活のリズムとして潜在的にあるいははっきりと伝承されてきたものの表現であると述べています[3]。この長期指導計画が、保育の流れや枠組みをつくっていくので、質の高い保育には、とても大切なものです。

　園の文化の蓄積から生まれたものが長期指導計画であるならば、それを一保育者が実感として理解するためには、ある程度の経験知が必要となります。そこで言い表されている言葉を保育者自身が実感できる体験がいるからです。園の子どもたちにふさわしい作品展のテーマや劇のお話がひらめくというのも、そこに経験の蓄積があるからでしょう。

　子どもの側にも、保育者と同じように園のカリキュラムが内的に生成されていく様子があります。それは、5歳児になればなるほど確かなものになります。"夏休みが明けたらリレーがはじまる"、とか、"秋になったらバッタにたくさん会える"とか、"お母さんたちが僕たちの劇、見に来るんだよね"、とか、"私は年長になったら、○○の係をやりたい"など、子どもにも見通しをもって、生活をつくっていこうとする姿があります。こうした見通しが、およそ5歳児で確かなものになるとしたら、長期指導計画で表されている見通しを保育者が実感としてもてるのは、保育者として数年の経験を積んでからかもしれません。

　実際、新人の保育者は一日を無事に過ごすことで精一杯な様子が見られます。物事の見通しをもつことや、複合的な状況を整理してその先をイメージすることはまだむずかしく、今日を無事に過ごせた安堵と反省から、明日の保育をイメージしていくのが精一杯です。その意味で各園の文化を体現する行事を、子どもの学びの節目として成功させるためには、同僚性が大きな鍵を握っています。経験知のある保育者が、経験知のない、もしくは浅い保育者に対して、どんなモデルになれるか、何をどう伝えるか、そのための時間をどう確保するかということが、指導計画を実践していく背景には横たわっています。

　保育時間は子どもたちが輝く舞台の時間であり、保育者はその輝きを支える援助者です。演出家が同時に舞台に立っているようなものかもしれません。そして一日の舞台が終わったら、明日また輝くために、きめ細かな準備をするのが保育者の仕事です。先に見通しをもち、今の子どもたちの理解に努め、教材を考え、環境を構成していくことが、明日の保育を豊かにし、子どもの確かな学びを導きます。そして、一日一日の総体としての一年のレベルを上げていくのは、保育者自身の質的向上です。それを視野に入れた研修等の営みも、また、大切です。園長をはじめ、それぞれの保育者の日々の努力が、保育の質を高めていくということがいえるでしょう。

おわりに

　現代は、子どもを育てることについて、意識して取り組まなければならない時代です。戸外で同世代の友達と遊ぶことがむずかしくなり、自然に包まれてあらゆる感覚を開く体験もむずかしくなりました。さらに子どもたちの生活を凌駕する電子機器などとのつき合い方も、真剣に考える必要があります。今、幼児教育はとても重要な役割を担っています。

　「表現」という領域は、その上でとても大きな力を発揮してくれます。なぜなら、表現する喜びは、生きる喜びだからです。特に、豊かな体験から生まれる感動が、子どもを表現へと導きます。このとき大切なのは、わくわく感です。先が未定で、それでいて期待に満ちているところから、わくわく感は生まれてきます。

　これは、保育者にとっても大切なことです。保育者が惰性に陥ると、子どもを見る目も単純化してしまい、考えることをやめてしまいます。そうなると、どれだけ経験年数を重ねても、保育者としての専門性はないに等しいといえます。また、援助について正しい答えを求めようとする傾向も見られます。そしてそれがわからないと、動けなくなってしまいます。学校の試験とは違い援助に正しい答えはありません。教育理念やその園の文化が培ってきた考え方を真ん中において、さしあたりの妥当性を求めてやってみるしかありません。そこに飛び込んでいく勇気をもてば、わくわく感はたちまち生まれてくるでしょう。

　子どもの興味・関心は、その子によっても違いますしその年によっても違います。今年の子どもは、「こんな感じ」というのは、確かにあるのです。その年の、そのときの子どもが生み出すものを、新鮮にキャッチできる保育者の心持ちが大切です。長期指導計画は、その園の文化の積み重ねから紡ぎ出されるものですが、同時に物事は常に変化しています。積み重ねてきたものを拠り所としながら、常に新しいものを取り込み、再編成、再構成していくことによって、保育者と子どもは豊かな表現をつくりだすことができるでしょう。

　本書発刊に当たり、本企画をご理解くださり、ご執筆いただいた本山方子先生、田代幸代先生に心より感謝いたします。また、事例および写真提供に心よくご協力いただきました協力園のみなさまに御礼申し上げます。そして、子どもたちの生き生きとした姿を、写真を通して伝えてくださった篠木眞氏に心より御礼申し上げます。そして何より、最初から最後まで支え続けてくださったわかば社の田中直子さんをはじめ、みなさまに心から感謝申し上げます。

　本書が保育者養成校の学生のみなさまの保育内容・領域「表現」のテキストとして、また保育現場の保育者の方々にとって、表現活動がより豊かなものとなる一助となりましたら幸いです。

2018 年 11 月　　　　　　　　　　　　　　　　　　　　　　　　　　堂本真実子

引用・参考文献　　　　　※ 掲載順。数字は本文対応の引用・参考箇所。その他は参考文献。

（第2章）

1）倉橋惣三『育ての心（上）』フレーベル館、2008、p.29

2）今村光章編『森のようちえん』解放出版社、2011、pp.128-144

（第3章）

1）エレナ・マネス、柏野牧夫監修、佐々木千恵訳『音楽と人間と宇宙』ヤマハミュージックメディア、2012、pp.36-37

2）エレナ・マネス、前掲1）、p.50

3）諏訪淳一郎『パフォーマンスの音楽人類学』勁草書房、2012、p.6

4）トマス・トゥリノ、野澤豊一・西島千尋訳『ミュージック・アズ・ソーシャルライフ―歌い踊ることをめぐる政治』水声社、2015、pp.83-84

5）吉永早苗、無藤隆監修『子どもの音感受の世界』萌文書林、2016、pp.93-97（人の声の感受の大切さと、それを育むマザリーズ（育児語）について参考にしてください）

6）西村清和『遊びの現象学』勁草書房、1994、pp.27-47

7）大畑洋子編著『保育内容　音楽表現の探究』相川書房、1997、pp.59-60

8）吉永、前掲5）、p.96

9）吉永、前掲5）、p.99

10）吉永、前掲5）、pp.104-122

（第4章）

1）尼ヶ崎彬『ダンス・クリティーク　舞踊の現在／舞踊の身体』勁草書房、2004、p.149

2）トマス・トゥリノ、野澤豊一・西島千尋訳『ミュージック・アズ・ソーシャルライフ―歌い踊ることをめぐる政治』水声社、2015、pp.96-98

3）A. ジーン・エアーズ、佐藤剛監修『子どもの発達と感覚統合』協同医書出版社、2007、p.6

4）木村順『保育者が知っておきたい発達が気になる子の感覚統合』学研、2014

5）A. ジーン・エアーズ、前掲3）、p.9

6）A. ジーン・エアーズ、前掲3）、p.20

7）A. ジーン・エアーズ、前掲3）、p.9

8）尼ケ崎、前掲1）、p.152

9）尼ヶ崎、前掲1）、pp.152-154

10）トマス・トゥリノ、前掲2）、p.84

11）チクセントミハイ、今村浩明訳『楽しむということ』思索社、1991、p.66

12）トマス・トゥリノ、前掲2）、pp.63-64

13）トマス・トゥリノ、前掲2）、p.64

14）キャサリン・ガーヴェイ、高橋たまき訳『「ごっこ」の構造―子どもの遊びの世界―』サイエンス社、1980、p.151

（第5章）

1）栗山誠『図式的表現期における子どもの画面構成プロセスの研究』風間書房、2017、p.9

2）片岡杏子『子どもは描きながら世界をつくる』ミネルヴァ書房、2016、p.6

3）片岡、前掲2）、p.7

4）山中淳江、若草幼稚園「2014年度　作品展だより」年長組

5）無藤隆『幼児教育のデザイン　保育の生態学』東京大学出版会、2013、pp.110-114

6）岩田誠『見る脳・描く脳―絵画のニューロサイエンス』東京大学出版会、1997、p.84

7）栗山、前掲1）、p.56

8）栗山、前掲1）、p.9

（第6章）

1）鷲田清一『「聴く」ことの力：臨床哲学試論』TBSブリタニカ、1999

2）本山方子「小学3年生の発表活動における発表者の自立過程：『声が小さい』ことの問題化と『その子らしさ』の発見を中心に」『質的心理学研究』第3号、新曜社、2004、pp.49-75

3）Lum, C. M. K. In Search of a Voice: Karaoke and the Construction of Identity in Chinese America, Mahwah: Lawrence Erlbaum Associates, 1996

4）角尾和子編『プロジェクト型保育の実践研究：協同的学びを実現するために』北大路書房、2008

5）磯部錦司・福田泰雅『保育のなかのアート：

プロジェクト・アプローチの実践から』小学館、2015

6）カッツ, L. G. & チャード, S. C.、小田豊監修、奥野正義訳『子どもの心といきいきとかかわりあう：プロジェクト・アプローチ』光生館、2004

7）チャード, S. C.、小田豊監修、芦田宏監訳、奥野正義・門田理世訳『幼児教育と小学校教育の連携と接続：協同的な学びを生かしたプロジェクト・アプローチ』光生館、2006

8）レッジョ・チルドレン、ワタリウム美術館編、田辺敬子・木下龍太郎・辻昌宏・志茂こづえ訳『子どもたちの100の言葉：レッジョ・エミリアの幼児教育実践記録』日東書院本社、2012

9）佐藤学監修、ワタリウム美術館編『驚くべき学びの世界：レッジョ・エミリアの幼児教育』東京カレンダー、2013

（第7章）

1）岡林明子・矢野詩織、若草幼稚園「2014年度　作品展だより」年中組

2）岡林明子・川村蕗子、若草幼稚園「2017年度　作品展だより」年長組

3）文部科学省『幼稚園教育要領解説』フレーベル館、2018、pp.107-108

4）小川博久『保育援助論（復刻版）』萌文書林、2010、p.92

（第8章）

・小田豊・神長美津子監修『保育内容　表現』光生館、2009

・髙橋敏之「第6章　表現」、日本保育学会編『保育学講座3　保育のいとなみ』東京大学出版会、2016、pp.105-124

・田代幸代「演習11　ごっこ遊び・劇的表現」、岡健・金澤妙子編著『演習保育内容　表現』建帛社、2009、pp.94-102

・中野圭祐「第2章　体験のつながりを大切にはぐくむ」、大豆生田啓友編著『「子ども主体の協同的な学び」が生まれる保育』学研、2014、pp.35-48

・河邉貴子・赤石元子監修、東京学芸大学附属幼

稚園小金井園舎編『今日から明日へつながる保育』萌文書林、2009

（第9章）

1）小川博久『保育援助論（復刻版）』萌文書林、2010、p.77

2）小川、前掲1）、pp.86-87

3）小川、前掲1）、pp.89-90

著者紹介　※著者執筆順、担当は執筆箇所を示す。

編著者 **堂本真実子**　認定こども園 若草幼稚園 園長
担当：Part 1、Part 2、Part 3（扉、第7章）、Part 4、各演習課題

東京学芸大学大学院連合学校教育学研究科博士課程修了。博士（教育学）。東京学芸大学附属幼稚園教諭、日本大学、昭和女子大学等、非常勤講師を経て、現職。高知大学、高知学園短期大学非常勤講師。若草幼稚園ホームページ内のブログ「園長先生の部屋」で日々の保育を紹介。
【主な著書】『学級集団の笑いに関する民族誌的研究』（単著）風間書房、2002 /『今日から明日へつながる保育』（共著）萌文書林、2009 /『日々わくわく』（写真：篠木眞、子ども：若草幼稚園）現代書館、2018、他。

著者

本山方子　白梅学園大学 子ども学部 子ども学科 教授
担当：Part 3（第6章）

田代幸代　共立女子大学 家政学部 児童学科 教授
担当：Part 3（第8章）

＜写真および事例提供等　協力園・協力者＞
○ Part 1、Part 2、Part 3（扉、第7章）、Part 4、各演習課題
　お茶の水女子大学附属幼稚園　認定こども園 若草幼稚園
　堂本巌
○ Part 3（第6章）
　奈良市立大宮幼稚園
　出原和美　福本博子　上島三佐子　松石花央里　岸本麗沙　畠中美津子　中西未央
○ Part 3（第8章）
　東京学芸大学附属幼稚園小金井園舎
　中野圭祐　山崎奈美　廣川朋也　玉井知左恵

● 装丁・演習課題・本文 写真　**篠木　眞**
※本文写真には「*Shinoki*」と記載。
● 装丁・本文レイアウト　**タナカアン**

保育内容 領域 表現
日々わくわくを生きる子どもの表現

2018年12月19日　初版発行
2020年 3 月 4 日　初版2刷発行

編著者　堂本真実子
発行者　川口直子
発行所　（株）わかば社

〒173-0004　東京都板橋区板橋2-46-12
tel(03)6905-6880 fax(03)6905-6812
(URL)https://www.wakabasya.com
(e-mail)info@wakabasya.com
印刷／製本　シナノ印刷（株）

●落丁・乱丁などの不良本はお取り替えします。
●定価は表紙（カバー）に表示してあります。
●本書および本書の付属物を無断で複写（コピー）、引用することは著作権法上での例外を除き禁じられています。また代行業者等の第三者に依頼してスキャンやデジタル化することは、たとえ個人や家庭内の利用であっても一切認められておりません。